W0316885

Les Nouvelles Solitudes

Du même auteur

Le Harcèlement moral. La violence perverse au quotidien, Syros, Paris, 1998.

Malaise dans le travail. Harcèlement moral, démêler le vrai du faux, La Découverte/Syros, Paris, 2001.

Femmes sous emprise. Les ressorts de la violence dans le couple, Oh ! Éditions, Paris, 2005.

© Éditions La Découverte, Paris, 2007.
© Hachette-Livre (Marabout) 2008 pour la présente édition.

Toute reproduction d'un extrait quelconque de ce livre, par quelque procédé que ce soit et notamment par photocopie ou microfilm est interdite sans autorisation écrite de l'éditeur.
Tous droits réservés.
Aucune partie de ce livre ne peut être reproduite sous quelque forme que ce soit ou par quelque moyen électronique ou mécanique que ce soit, y compris des systèmes de stockage d'information ou de recherche documentaire, sans autorisation écrite de l'éditeur.

Marie-France Hirigoyen

Les Nouvelles Solitudes

Marabout

Sommaire

INTRODUCTION

J'aime me perdre dans les lumières de la nuit.
Je m'y invente de nouvelles solitudes.
De nouvelles vies.
Quand notre monde ne m'intéresse plus.
Quand les hommes sont définitivement prévisibles.
Quand je n'ai plus envie.
De me battre.
Et de supporter l'indifférence.
Les temps changent.
Mais le présent ressemble étrangement au passé.
Viens te cacher dans les lumières avec moi.
Mon ange…
Je t'aime.
Et je te laisse.
Ici.

Gaëtan HOCHEDEZ,
http://flash.zeblog.com/

Il est incontestable que la montée de la solitude constitue un phénomène social qui se développe dans tous les pays riches de la planète, en particulier dans les grandes villes ; mais si la solitude fait partie de l'histoire de l'humanité, elle s'est avec le temps profondément transformée. En « trop » ou en « pas assez », la relation à l'autre est devenue le sujet de préoccupation essentiel de notre époque. Alors que nous sommes dans une ère de communication, que les interactions entre les individus sont permanentes, parfois même envahissantes, de nombreuses personnes ont un sentiment douloureux de solitude. Et, dans le même temps, d'autres, de plus en plus nombreuses, font le choix de vivre seules.

On est face à un paradoxe : un même terme renvoie à la fois à la souffrance et à une aspiration de paix et de liberté. D'un côté, on nous dit que la solitude est un des maux de notre siècle et qu'il faut à tout prix créer du lien et de la communication ; et, de l'autre, on nous prône l'autonomie. Néanmoins, malgré l'individualisme de nos contemporains, la solitude continue à véhiculer une image négative, qui néglige l'importance de l'intériorité. Rester seul est la plupart du temps considéré comme la conséquence d'un échec relationnel, ou, si cela apparaît comme un choix, il est perçu comme la voie assurée de l'ascétisme et du malheur.

Face à une personne seule, chacun de nous projette sa propre perception de la solitude et, au lieu que ce terme corresponde simplement à la description d'un fait, il devient un jugement. Comme le bannissement d'une communauté autrefois, la prescription de solitude est souvent la menace d'un mari violent à la femme qui tente de lui échapper : « Si tu me quittes, tu resteras toute seule. Personne ne voudra de toi ! » Singulièrement, ce sont ceux qui ne vivent pas seuls, sans doute parce qu'ils ne le supporteraient pas, qui ont la vision la plus négative de la solitude. Ils ne voient que l'isolement des personnes âgées ou des exclus, ou celui des amoureux éconduits.

Même si le célibat est devenu « branché », le couple, officiel ou non, reste la norme. Les médias vantent les « nouveaux couples », l'amour, les voies faciles du bonheur. Mais ils ne font que pointer les frustrations, car les liens amoureux sont devenus plus complexes, et le nombre de séparations et de divorces ne cesse de croître. L'autonomie des femmes a entraîné un changement important des rapports homme/femme et une précarisation des liens intimes et sociaux. Aujourd'hui, hommes et femmes louvoient entre leur besoin d'amour et leur désir d'indépendance. En effet, beaucoup de femmes, depuis qu'elles ont théoriquement obtenu une autonomie financière et sexuelle, refusent de sacrifier leur indépendance pour le confort de la vie de couple. La conséquence en est que le couple traditionnel disparaît et que les nouveaux couples qui se mettent en place sont de moins en moins fusionnels et de plus en plus éphémères.

Avec l'allongement de la vie, l'augmentation des divorces et des séparations, les choix de vie de plus en plus fréquents de se réaliser individuellement, tout le monde est, a été, ou sera seul. Dans une même vie, nous connaîtrons des périodes de rencontres centrées essentiellement sur la sexualité, des périodes en couple cohabitant, alternant avec des périodes de solitude, puis des liens amoureux à distance, et sans doute encore de la solitude.

Il existe incontestablement un isolement produit par la société moderne. Prôné comme une valeur suprême, l'individualisme entraîne une insécurité dans tous les domaines. La dégradation des conditions de travail et l'appauvrissement de la vie sociale amènent à se méfier de soi et des autres, à hésiter avant de s'engager. Notre société centre les personnes sur les bonheurs matériels, sur l'importance de l'avoir et de la consommation. Mais la multiplication des choix, l'abondance de l'information et l'obligation du bonheur ne réussissent pas à combler les individus qui se montrent déçus, frustrés et désenchantés.

On aurait pu penser qu'Internet et les sites de rencontres viendraient pallier la déficience de liens. Mais, là aussi, l'individu se retrouve *un* parmi une foule de « mêmes », dont il peine à se différencier. Les rencontres permises par ces sites sont souvent frustrantes, car les candidats se méfient, hésitent à s'engager et éprouvent parfois le sentiment d'être devenus consommables et jetables.

Pourtant, si la solitude est certes parfois douloureuse et sans espoir, elle peut aussi apporter des moments riches où nous pouvons puiser énergie et inspiration. Il est évidemment important d'apprendre à vivre en commun, mais il est aussi indispensable d'apprendre à vivre seul, que chacun puisse trouver dans la solitude un espace de repos et de régénération : accepter une solitude relative, c'est aussi se donner les moyens de sortir de la futilité et de la superficialité d'un monde narcissique.

Inévitablement, les nouvelles générations d'hommes et de femmes seront de plus en plus seules. Pour autant, les liens sociaux ne disparaissent pas, ils se sont seulement transformés. Si la vie contemporaine, par la multiplicité des choix qu'elle propose, a amené un plus grand isolement des personnes, elle a également ouvert l'accès à d'autres types de rencontres pouvant conduire à d'autres liens. De nouvelles formes de sociabilité se sont développées pour contrer notre monde précaire. Et ce n'est plus le couple qui est le lieu unique d'investissement affectif, car on peut tout autant être relié aux autres de différentes façons : petits groupes associatifs non traditionnels, amitiés intenses, camaraderies chaleureuses et solidarités de proximité. Ce qui permet d'adapter chaque lien aux différentes facettes de personnalité, afin que chacun puisse mieux se réaliser.

C'est aux multiples facettes de cette étrange mutation que j'ai choisi de consacrer ce livre, en m'appuyant largement sur l'expérience vécue par mes patients – que je tiens à remercier pour tout ce qu'ils m'ont apporté. Car j'ai été frappée par l'évolution, depuis une quinzaine d'années, des paroles de celles et ceux que j'écoute dans mon cabinet de psychanalyste : ce n'est pas la solitude en soi, qu'elle soit subie ou choisie, qui leur pose problème, mais bien plus ses conséquences pratiques dans leur vie quotidienne.

À travers ces observations, il m'apparaît que, dans les sociétés développées, les années marquant le passage du XXe

au XXIe siècle sont celles d'une très profonde mutation, que l'on pourrait qualifier d'« anthropologique » : même si la représentation traditionnelle des relations homme/femme perdure dans l'imaginaire véhiculé par certains médias et par la publicité – d'une certaine façon en retard sur leur époque –, sa transformation, inaugurée dans les années 1970, se traduit aujourd'hui au quotidien par de nouvelles pratiques et de nouveaux projets de vie, dans toutes les générations – et surtout, évidemment, chez les plus jeunes.

Après avoir explicité, dans un chapitre liminaire, la montée générale du « sentiment de solitude » et de l'« isolement relationnel », je procéderai en trois temps. Dans la première partie, je montrerai comment femmes et hommes se « coltinent » affectivement et socialement avec cette mutation, les premières plus facilement que les seconds, souvent confrontés à un durcissement inédit pour eux des relations avec leur(s) compagne(s), plus émancipées qu'hier. Et j'insisterai sur les différences de vécu de ces évolutions selon les générations.

Dans la deuxième partie, j'en viendrai aux effets des contradictions produites par la montée de l'individualisme, de l'intensification du travail et des illusions nées de l'explosion des nouvelles techniques de communication et du virtuel, qui continuent à cohabiter avec l'imaginaire patriarcal d'hier. L'attrait phénoménal des sites de rencontres et les déceptions qu'ils procurent le plus souvent en sont l'une des manifestations.

Pourtant – et ce sera l'objet de la troisième partie – s'expérimentent aussi de nouvelles pratiques de relations intimes entre les personnes. Certaines sont radicales, comme le choix de la vie sans sexe, mais toutes tracent la voie d'un nouveau mode d'être, où le désengagement, la capacité d'être seul et la solitude choisie peuvent sereinement cohabiter avec les périodes de « vie à deux ».

1
Le sentiment de solitude

« Nous sommes seuls. Nous ne pouvons connaître et ne pouvons être connus. »

Samuel Beckett, *Proust*.

« Depuis quelques années, j'ai renoncé à des choses, je me suis écoulé de moi-même. »

Christian, 62 ans.

Le monde des solitudes est varié et les frontières entre leurs différentes formes ne sont pas étanches. Sous ces termes se cachent des réalités très diverses : celles des solitaires, jeunes célibataires, séparés, divorcés ou veufs ; mais aussi celles que l'on vit dans sa famille, dans son bureau ou dans une foule. Car il existe des façons d'être seul à deux qui sont pires que d'être vraiment seul. Trop souvent, quand on parle de solitude, on ne voit que le vécu douloureux des exclus, des abandonnés. On pense aussi aux plaintes de ceux qui, en raison d'une pathologie de caractère, construisent eux-mêmes leur isolement, que ce soit par manque de confiance en soi ou sentiment de ne pas être reconnu ou aimé, ou bien par une attitude d'orgueil, de supériorité qui engendre une distance aux autres. Ou encore par l'inhibition ou le repli sur soi dont on se plaint, mais dont finalement on s'accommode. Ces plaintifs disent : « Personne ne m'aime », alors qu'ils devraient dire : « Je n'aime personne. »

La perception négative des solitaires

Mais, à côté de la solitude-souffrance, il existe aussi une solitude riche, sereine. Dans l'esprit commun, elle serait le fait de marginaux, d'êtres atypiques, de personnalités exceptionnelles, qu'ils soient ermites, gardiens de phare, navigateurs solitaires ou créateurs. Quand elle est le fait de personnes apparemment insérées normalement dans la société, on tend à penser qu'elles présentent une pathologie de caractère, comme en témoigne Bertrand, 42 ans :

> Les gens ont du mal à comprendre mon choix de la solitude, mais ça fait partie de mon parcours de vie. Certains n'acceptent pas et me conseillent d'aller sur Internet pour rencontrer l'âme sœur. Et, comme je m'y refuse, je suis catalogué comme quelqu'un de difficile et d'exigeant.

Pourtant, on peut préférer une soirée en solitaire avec un bon livre à une soirée mondaine ou simplement en groupe. Ou bien, quand on vit en couple, on peut ressentir la nécessité de s'isoler une journée, un week-end ou plus, pour mieux se concentrer, pour jouir de moments seul ou en présence de quelqu'un qui ne fait pas intrusion.

Mais, à une époque où le grégaire est la norme, dire que l'on jouit de sa solitude est assimilé à une étrangeté, à une sorte d'asociabilité. Ainsi, les réactions face aux personnes seules ne sont pas toujours tendres. Soit on les plaint : « Le (la) pauvre n'a pas eu de chance ! » Soit on s'en méfie : « Qu'est-ce qui ne va pas chez lui (elle), pour qu'il (elle) n'ait pas réussi à se caser ? » On plaint une personne isolée, on regrette qu'elle n'ait pas trouvé quelqu'un pour l'accompagner dans son parcours de vie, on parle alors de misère sexuelle et affective. On imagine son ennui, sa déprime, sa frustration. Et les vrais solitaires, qui ne vivent aucun de ces symptômes, n'osent guère signaler leur état, car ils craignent l'image négative que leur situation peut véhiculer.

La vie de couple marié « pour le meilleur et pour le pire » a en effet très longtemps constitué la norme ; et la vie solitaire, si elle n'était pas motivée par un engagement religieux, était suspecte de perversité. Il n'y avait de célibat que dans le provisoire ou le cas particulier. D'ailleurs, pendant la Révolution française, on allait même jusqu'à exclure les célibataires de la vie publique : « La société populaire de Mayenne demande que les célibataires, les prêtres et tous les individus dont l'oisiveté atteste les sentiments antirépublicains soient exclus de toute fonction publique[1]. »

De nos jours, le solitaire est encore souvent perçu comme un misanthrope ou un cœur sec, incapable de donner ou de recevoir de l'amour, incapable de s'adapter à la communauté. On soupçonnera chez un homme qui vit seul des tendances perverses, et une femme aura des allures de sorcière : leur liberté est qualifiée d'égoïsme, comme si vivre pour soi et non en fonction des autres était un danger pour le groupe social. Car, pour le sens commun, l'isolement doit rester une sanction, un châtiment. C'est ainsi que les prisonniers récalcitrants sont mis à l'isolement : on espère que cela les matera et que, dorénavant, ils se tiendront tranquilles – alors qu'on sait que, lorsque l'isolement est imposé,

---

1. Procès-verbal de la Convention nationale, 15 floréal, an II (cité par Jean BORIE, *Le Célibataire français*, Le Sagittaire, Paris, 1976).

le manque de stimulation sensorielle peut amener la personne à s'étioler, à perdre ses repères au point de présenter des troubles psychiques.

En ne voyant que le côté négatif de la solitude, on oublie que nombre de grands penseurs et de créateurs ont fréquemment choisi la solitude, afin de créer des conditions propices à leur épanouissement spirituel, intellectuel ou artistique. Pour eux, s'éloigner du monde était un choix : « Autrefois, expliquait en 1993 le médecin Michel Hannoun, le solitaire était un reclus et non pas un exclu[1]. » Soit il choisissait de quitter son groupe naturel, soit il en était banni. Mais, aujourd'hui, confondant solitude et isolement, notre société s'entête à vouloir combattre toute solitude et veut la faire passer pour une malédiction. Or la solitude est différente de l'isolement, car elle ne dépend pas de l'extérieur, mais d'un état d'esprit intérieur. Il est ainsi regrettable que la langue française ne distingue pas le fait d'être solitaire du sentiment de solitude, comme le fait la langue anglaise qui distingue *loneliness* de *solitude*.

La crainte du rejet et du néant

Le sentiment de solitude est une notion subjective, un ressenti, c'est l'interprétation d'une situation, parfois vécue comme un rejet ou une exclusion. On peut se sentir seul dans une foule, dans une famille, dans un couple. Ce sentiment vient alors du manque de lien, de l'impression de ne pas communiquer avec l'entourage, d'être seul au monde. Il renvoie à un besoin de la présence de l'autre et à la frustra-

1. Michel Hannoun, *Solitudes et Sociétés*, PUF, coll. « Que sais-je ? », Paris, 1993.

tion de ne pas être accompagné. Il s'agit d'un sentiment de vide intérieur et d'isolement qui ne correspond pas nécessairement à un besoin de compagnie ou au manque de quelqu'un en particulier, mais plutôt au sentiment d'être à part, déconnecté du monde, incompris. Au fond, c'est la conscience aiguë de sa situation d'humain qui est et restera seul face à lui-même et à la mort.

Le sentiment de solitude est à rapprocher de la mélancolie, elle-même proche de l'ennui. Pour beaucoup, c'est un équivalent de la dépression, avec la tentation de ne voir personne, de se réfugier chez soi pour dormir ou ruminer des pensées négatives. Pour annihiler la peur de l'ennui, nous remplissons l'espace avec des paroles et de l'agitation. Nous craignons le silence, perçu comme une absence ou comme l'arrivée inéluctable de la mort. C'est ce que dit Sophie, 27 ans :

> Quand je ne vais pas bien, je m'enferme chez moi et je ne réponds plus au téléphone. Je reste au lit une grande partie de la journée et, surtout, j'évite les contacts avec des gens qui vont bien, parce que leur bonheur m'agresse. En même temps, j'ai honte de ne pas être en forme et je crains les reproches que l'on pourrait me faire : « Secoue-toi, réagis ! »

Afin de prévenir ce risque de l'ennui, beaucoup de parents remplissent l'emploi du temps de leurs enfants à coups de sport, d'activités associatives ou de télévision : « Ne reste donc pas là à ne rien faire ! » Ils craignent le regard vide d'un enfant perdu dans ses pensées, oubliant qu'un espace libre est nécessaire pour s'interroger sur soi, sur ses désirs. Or l'ennui n'est pas forcément lié à l'isolement. Il surgit d'ordinaire quand nous ne pouvons pas faire ce que nous voulons, ou que nous devons faire quelque chose qui ne nous plaît pas. Didier, célibataire de 28 ans, est graphiste :

> Je ne m'ennuie jamais lorsque je suis seul. Je peux lire, rêver, écouter de la musique. Mais, pour moi, il n'existe rien de pire que de me retrouver à une soirée où je n'ai rien à dire à personne. Je supporte mal les fausses joies. J'ai l'impression de perdre mon temps.

Pourtant, cet état d'esprit n'est pas le plus fréquent : dans nos sociétés hypermodernes, les individus cherchent plutôt à se rassembler pour ne pas affronter leurs peurs. Beaucoup cherchent un amour ou une pseudo-amitié qui viendrait combler leur solitude, remplir leur vide intérieur. Ils s'agitent, multiplient les rencontres, les amours et les projets. Ils refusent le vieillissement et la maladie, mais le constat reste là : nul ne peut éviter la mort. L'agitation du monde ne sert qu'à nous masquer que nous naissons seuls et que nous mourrons seuls. On est au départ accompagné par nos parents, puis par des compagnons ou des compagnes avec qui on fait un bout de chemin, puis on fait des enfants qu'on élève et qui s'éloignent. Et, l'âge venant, cette prise de conscience peut être difficile à vivre, surtout pour les hommes, comme Francis, 64 ans, divorcé, cadre supérieur en préretraite :

> Le décès de mes parents m'a ramené à une vacuité que j'avais voulu me masquer. Je n'ai plus de famille, mes parents ne sont plus là et mes enfants vivent leur vie. Je n'ai plus personne à qui parler. La personne que je vois le plus souvent est ma femme de ménage. Bien sûr, il y a les amis, mais le danger serait d'être trop dépendant d'eux, car ils peuvent vous lâcher. La solitude, ça vous donne une grande disponibilité aux autres, mais il ne faudrait pas que cela vous rende exigeant jusqu'à vouloir la réciprocité, on risquerait alors d'être déçu.

Alors qu'en ville on est très entouré physiquement, car il y a toujours le bruit d'une voiture qui passe, les petits signes de vie d'un voisin, une chasse d'eau, une porte qui claque, le son d'une télévision, il semblerait que, paradoxalement, le sentiment de solitude y soit moins bien supporté : beaucoup de citadins se sentent seuls, et ont très peu l'occasion d'exprimer aux autres leurs sentiments profonds. C'est ce qu'explique Christian, 62 ans, divorcé et retraité, évoquant la souffrance du solitaire :

> Le problème de tout le monde, c'est le « tout seul ». Les jours sont durs à tuer, les journées sont longues. Je dois trouver une rustine tous les jours. Parfois, je reste une semaine sans un seul coup de téléphone, sans parler à quelqu'un. Depuis quelques années, j'ai renoncé à des choses, je me suis écoulé de moi-même, je me suis amenuisé. Il faut parler de la misère sexuelle de l'homme seul. Parfois, c'est trop. Il reste bien le porno, mais ce n'est pas glorieux. Bien sûr, si je donnais, il y aurait des femmes qui voudraient bien de moi, mais je ne donne pas. J'ai une amie un peu épisodique. On se voit, on se revoit, on investit peu.
>
> Personne ne m'attend. Aucun fil ne me tire. Vous regardez un beau tableau : si vous êtes seul, il perd de sa profondeur. Pour avancer, il faut un acte extérieur qui vous projette ailleurs. Le seul fil qui peut vous tirer est le fil intérieur du désir, mais parfois on est débranché. La journée d'un homme qui n'a rien dans la tête et aucun désir, c'est comme être en prison, être enfermé dans le monde.
>
> Je vais finir ma vie seul et il me faut m'en contenter. Comment faire pour purger la peine du temps qui me reste à vivre ? Je ne me sens pas le courage de me suicider, même si je pense que c'est ce que je devrais faire. Tout ce néant et tout ce rien, ça fait encore de la

> souffrance, mais même la souffrance finit par s'absenter. Est-ce qu'on peut vivre en n'attendant rien ?

Quelques-uns de ceux qui craignent la solitude se sentent coupables d'être seuls. C'est comme si leur situation était le résultat d'une faute : « Je suis seul parce que je ne suis pas ce qu'il faut être, parce que les autres ne me supportent pas. » Et quand ces personnes consultent, le danger – j'y reviendrai – est que beaucoup de psychothérapeutes actuels, au lieu de les aider à aimer leur solitude et à l'enrichir, leur proposent des techniques pour augmenter leur narcissisme : ils les amènent à se fuir dans de multiples rencontres, plutôt que d'apprendre à s'accepter et à s'aimer. Car leur vrai problème, c'est qu'elles ont en général une image pathologique d'elles-mêmes, comme Francis, 64 ans :

> La solitude me donne l'impression de ne pas être « aimable ». Quand je vais traîner dans les saunas et que personne ne veut de moi ou quand je donne une fête de cinquante personnes et que je ne reçois aucun retour après… Il est clair que le vieillissement accentue la solitude affective : c'est la peau qui se flétrit, une marche un peu moins rapide dans la rue, une sexualité de moins en moins satisfaisante ; tout cela fait que l'on vous laisse de côté.

De fait, c'est bien le rejet des autres qui est le plus difficile à vivre, comme l'explique le philosophe Tzvetan Todorov : « La condition physique du manque de reconnaissance est la solitude : si les autres sont absents, nous ne pouvons par définition capter leur regard. Mais ce qui est probablement plus douloureux encore que la solitude physique, laquelle peut être aménagée ou agrémentée par divers arrangements, c'est vivre au milieu des autres sans en recevoir aucun signe[1]. » Cet isolement peut être parfois le lot de ceux qui, inconsciemment, le suscitent par leurs attitudes cassantes ou perverses vis-à-vis de leur entourage ; mais c'est surtout celui des victimes de harcèlement moral, des exclus, des marginaux et, souvent, des vieillards. Vous n'intéressez plus personne. On approche alors du néant.

À l'opposé du sentiment de solitude, l'isolement recouvre en principe une notion objective et observable, selon plusieurs critères : vivre seul ou peu entouré, avoir peu de relations ou de simples contacts. C'est ce que décrivait Eugène Ionesco dans son roman *Le Solitaire* : « L'isolement n'est pas la solitude absolue, qui est cosmique ; l'autre solitude, la petite solitude, n'est que sociale. » En 1999, cet isolement social a été étudié en France par une enquête de l'Insee, « Relations de la vie quotidienne et isolement[2] », qui avait chiffré à 7,2 millions le nombre de personnes vivant seules, soit 30 % des ménages, contre un peu plus d'un quart dix ans plus tôt. Et selon l'enquête « Isolement et vie relationnelle », réalisée en 2006 à l'initiative du collectif « Combattre la solitude », réunissant huit associations non gouvernementales, une personne sur cinq n'avait pas l'occasion de parler quotidiennement à quelqu'un. Les principales raisons de cette situation étaient : le manque d'amis (100 %), la perte d'un être cher (45 %) et la maladie (31 %).

Mais, à rebours des idées reçues, l'enquête de 1999 montrait aussi que les jeunes célibataires étaient loin d'être les plus affectés par l'« isolement relationnel » : ce n'était le cas que de 14 % d'entre eux, contre 25 % des divorcés et 35 % des veufs.

---

1. Tzvetan TODOROV, *La Vie commune. Essai d'anthropologie générale*, Seuil, Paris, 1995.

2. Jean-Louis PAN KÉ SHON, « Vivre seul, sentiment de solitude et isolement relationnel », *Insee première*, n° 678, octobre 1999.

Des célibataires toujours plus nombreux

Alors que la solitude est un état d'esprit, le célibat désigne un état civil ; et il est même devenu « tendance ». Depuis les années 1990, en France, des sociologues – comme François de Singly[1], Jean-Claude Kaufmann[2] ou Serge Chaumier[3] – ont inventé des termes spécifiques pour désigner les personnes seules : « single », « solo », « célibattantes », etc. Ils mettent à juste titre en avant la liberté dont jouissent souvent les célibataires, mais sans toujours prendre en compte le vide et la détresse qui se cachent parfois derrière l'objet de leur étude, notamment quand il s'agit de personnes plus âgées.

Incontestablement, on observe dans les sociétés développées une augmentation du nombre de célibataires, de divorcées et de mères seules – ce qui s'accompagne souvent de l'accroissement du sentiment de solitude et de l'isolement relationnel, même si, on y reviendra, ce n'est pas toujours le cas. En 2004, on évaluait en France à 8,3 millions le nombre de personnes vivant seules dans leur logement, soit près de 14 % de la population[4]. Ce chiffre a doublé en trente ans. Selon l'Insee, le phénomène devrait se poursuivre, pour atteindre un ratio de 17 % en 2030. Le nombre d'occupants par logement diminue, surtout dans les grandes villes : de 3,19 en 1954, il est passé à 2,13 en 2004. En Europe,

1. François DE SINGLY, *Libres ensemble. L'individualisme dans la vie commune*, Nathan, Paris, 2000.

2. Jean-Claude KAUFMANN, *La Femme seule et le Prince charmant*, Nathan, Paris, 1999.

3. Serge CHAUMIER, *La Déliaison amoureuse. De la fusion romantique au désir d'indépendance*, Armand Colin, Paris, 1999.

4. Gérard MERMET, *Francoscopie 2007*, Larousse, Paris, 2006.

158 millions de personnes vivaient seules en 2003. Et le phénomène est en pleine croissance.

Reste que l'ambiguïté des termes fausse les statistiques. Car, quand on annonce, par exemple, le chiffre de 8,3 millions de personnes vivant seules en France, rien ne dit qu'elles n'ont pas un compagnon ou une compagne domicilié à une autre adresse. On ne peut pas plus parler de foyer fiscal, car il existe désormais des couples « non cohabitants » et non mariés, pacsés ou non. On peut être célibataire sans être seul et on peut être seul en couple. De même, on évoque le chiffre de 120 000 divorces prononcés chaque année, mais on ne tient pas compte des couples non mariés qui se séparent. Et d'autres « solitaires » sont des parents séparés, qui reçoivent leurs enfants régulièrement et pour des périodes assez longues.

Surtout, si le célibat est de plus en plus fréquent, il est perçu différemment suivant les âges. De 20 à 35 ans, il est souvent une étape, en attendant la rencontre du « grand amour ». Tant que la majorité de l'environnement social est célibataire, on parle d'ailleurs d'indépendance plutôt que de solitude. Les rencontres sont alors sans visée d'avenir. D'autant que la durée plus longue des études et la difficulté de trouver un emploi stable retardent l'âge de l'engagement. Les hommes attendent la trentaine pour penser à fonder une famille, tandis que les femmes s'engagent plus tôt, ce qui explique qu'entre 30 et 40 ans, les hommes sont plus nombreux que les femmes à vivre seuls.

> Damien vient de fêter ses 30 ans. Depuis cinq ou six ans, il a un travail qui le passionne, mais il n'a pas encore d'emploi stable. Comme il plaît aux filles, il n'a pas de mal à trouver des petites amies, mais elles passent très vite. « Je suis à un moment de ma vie où la priorité, c'est le travail. Certes, j'ai besoin de sexe, mais

> la relation, c'est-à-dire être vraiment avec quelqu'un, ça me pèse. » Son père, qui vient de prendre sa retraite, l'encourage indirectement à s'engager avec une fille. Damien pense qu'à un moment où son propre couple bat de l'aile, celui-ci aimerait bien avoir des petits-enfants : « Les gens de la génération de mon père ont divorcé plusieurs fois et ont des maîtresses, et ils veulent que l'on s'engage, que l'on fonde une famille. Comment voulez-vous qu'on y croie ! »

Pour les âges intermédiaires, être seul se vit généralement comme un état transitoire. Entre 35 et 45 ans se pose pour les femmes la question de l'enfant, et certaines femmes diplômées ayant un poste à responsabilité attendent la limite biologique pour penser à faire un enfant. Après 45 ans, c'est souvent la solitude de l'après-divorce. Trois demandes de divorce sur quatre se font à l'initiative des femmes (nous y reviendrons). L'inégalité entre femmes et hommes seuls s'accentue avec l'âge. Statistiquement, les femmes vivent plus longtemps que les hommes et, en avançant en âge, les hommes ont tendance à choisir des femmes plus jeunes, ce qui accentue ce décalage.

Certains « seniors » (entre 60 et 75 ans) sont encore très actifs et peuvent avoir envie de redémarrer une vie amoureuse, plus rarement une vie de couple. D'autres renoncent et s'isolent : « C'est fini, à mon âge je ne retrouverai plus personne, je suis mieux seul(e). » D'autres, enfin, s'étourdissent en parcourant le monde en voyages organisés. Mais ce qui crée la solitude chez les personnes âgées, c'est surtout la perte d'autonomie et la dépendance qui rendent tributaire des autres. Tant que la personne peut participer à des activités, voyager, lire et est en pleine possession de ses facultés physiques et intellectuelles, elle reste reliée à son environnement social. L'isolement se met en place par la disparition des proches, par l'apparition ou l'aggravation des problèmes de santé, par la perte d'autonomie et la réduction progressive de la vie relationnelle. Marie, 65 ans :

> Il y a un moment où il faut savoir se dire que la fête est finie, se dire qu'on a vieilli, que l'on ne réussira plus, qu'on n'est plus jolie, qu'on n'aimera plus. Il faudrait être simplement content d'être debout, se dire qu'il n'y a plus que cela. On peut espérer quelques distractions en attendant la fin.

Au niveau de ce qu'on appelle maintenant le quatrième âge, la solitude est encore plus marquée. La période critique est celle de 79 à 83 ans. Dès que les personnes âgées fléchissent, on les met à l'écart dans des résidences spécialisées, où, même si elles sont en collectivité, elles se sentent seules, ce qui entraîne un risque de décès plus élevé. Nous voyons dans des maisons de retraite des personnes âgées sans autres contacts que ceux avec le personnel soignant.

On a d'ailleurs constaté que la solitude et le sentiment d'être esseulé sont associés à une augmentation du risque clinique de démence tardive : il semblerait que la solitude puisse dénaturer les systèmes neurologiques qui sous-tendent la cognition et la mémoire, par défaut de stimulation et de mise en œuvre régulière de leur activité. Les personnes seules deviendraient de ce fait plus vulnérables aux neuropathologies liées à l'âge[1]. Ce qui amène un fléchissement chez les personnes âgées, ce n'est pas uniquement l'isolement, mais aussi, souvent, la perte de l'être aimé. C'est ainsi qu'après 85 ans, les risques annuels de mortalité sont

---

1. Robert S. Wilson et *alii*, « Loneliness and risk of Alzheimer disease », *Archives of General Psychiatry*, vol. 64, nº 2, 2007, p. 234-240.

bien plus élevés pour les veuves et les veufs que pour les hommes et les femmes mariés ou célibataires.

Devant l'augmentation du nombre de célibataires, certaines entreprises ont compris que s'ouvrait un marché florissant. Elles en ont fait une cible marketing et ont commencé à proposer des événements ou des « produits » spécifiques. C'est une aubaine pour elles, car les célibataires consomment plus, voyagent plus, prennent plus soin de leur corps, achètent plus souvent des plats tout prêts et en portions individuelles. Parallèlement s'est développé le secteur des rencontres, d'abord par petites annonces et agences matrimoniales, puis par Internet. Même si beaucoup de rencontres se font de cette façon, nous verrons qu'il ne s'agit le plus souvent que d'un leurre, destiné à nous masquer notre solitude existentielle. Parallèlement, les médias ont également pris conscience de l'augmentation du nombre de personnes vivant seules et les ont introduites dans les séries télévisées et dans des films, construisant ainsi le mythe du célibataire épanoui, et mettant en avant les valeurs positives du célibat : affirmation de soi, indépendance, autonomie. Mais tous ne s'intéressent qu'à une seule catégorie de solitude, celle qui se montre, celle des trentenaires célibataires, avec de bons – si ce n'est de hauts – revenus. Mais qu'y a-t-il de commun entre une « célibattante » de 30 ans, active professionnellement, en bonne santé et sans souci d'argent, et un homme ou une femme de 55 ans au chômage ? Qu'en est-il de la personne seule sans argent ou des personnes seules vieillissantes ?

L'illusion de la recherche du partenaire idéal

Le célibat devient donc de plus en plus fréquent, mais la suspicion qui l'entachait perdure et amène certain(e)s célibataires à s'inventer une relation amoureuse cachée, afin de ne pas être étiqueté « cœur sec » ou « invalide affectif ». En effet, si la négativité associée à la solitude s'est atténuée, l'image générale en est rarement franchement positive, la norme reste toujours le couple et la famille. Et la communication à l'intention des célibataires suggère presque toujours que cet état ne durera pas. C'est plutôt : « En attendant de rencontrer l'âme sœur… »

Dans nos cabinets de consultation, les patients viennent d'ailleurs rarement se plaindre directement de solitude, mais beaucoup plus de la difficulté à rencontrer un partenaire avec qui construire un avenir, quelqu'un sur qui compter : le vrai problème n'est pas celui de la rencontre, mais de la durée de la vie en commun. Si j'observe le mode de vie de mes patients, je vois se développer d'autres arrangements que celui du couple marié « pour la vie » : couple fusionnel, couple autonome, couple non cohabitant, personne seule ayant une relation amoureuse, seule avec des aventures ponctuelles, etc. Mais surtout, ce qui est nouveau, une part significative de mes patients, principalement des femmes, ont fait le choix de vivre seuls.

Bien sûr, on pourra m'objecter que cet échantillon est celui d'une consultation psychiatrique ou psychothérapeutique, et que ces personnes sont donc en crise ou en questionnement par rapport à leur parcours de vie. Je dirais plutôt qu'elles sont en avance, justement parce qu'elles se remettent en question.

Certain(e)s cherchent dans le couple une issue à leur solitude, mais cette quête est souvent celle d'une illusion, car l'autre ne leur évite pas nécessairement la solitude, il peut simplement les y accompagner. Ils et elles sont parfois prêts à tout pour y échapper, aux rencontres sans illusion, au sexe qui laisse un arrière-goût de tristesse après l'étreinte. Chacun(e) cherche un(e) autre avec qui établir des liens, si possible amoureux, tout en se méfiant d'un éventuel attachement. On veut du lien, mais à condition de pouvoir se désengager au moindre doute. Je constate dans mes consultations l'affirmation d'une double aspiration : d'un côté, celle du repli sur le couple et, de l'autre, celle de l'épanouissement personnel dans un monde dur de performance et d'individualisme. Comment concilier les deux ? La difficulté consiste à trouver un ajustement entre la fusion nécessaire à l'amour romantique et l'espace d'autonomie permettant un accomplissement individuel.

Le mariage, lien social par excellence, ne constitue plus une valeur sûre. En France, près d'un mariage sur deux se termine par une rupture, et c'est en milieu urbain que les séparations interviennent le plus fréquemment. Le fait d'avoir un ou plusieurs enfants retarde souvent le divorce, car certains couples attendent que ceux-ci soient autonomes pour se séparer. Mais les divorces surviennent à tous les âges, après deux ou trois ans de mariage ou après le départ des enfants. Selon l'Ined (Institut national d'études démographiques), le nombre de divorces de personnes de plus de 60 ans a doublé entre 1985 et 2005[1].

Ce qui est nouveau, également, c'est que les femmes sont largement à l'origine du changement : dans près de 70 % des cas, ce sont elles qui demandent la séparation. Autrefois, les femmes hésitaient à demander le divorce, car elles y perdaient leur statut social et financier. Désormais, elles n'hésitent plus à se séparer très tôt en cas de violence psychologique ou d'infidélité du conjoint ou, plus tard, quand elles estiment avoir accompli leur travail de mère et de protection de la famille.

---

1. *Le Monde*, 6 septembre 2006.

Pour les femmes de la génération du *baby boom*, la sécurité était assimilée au fait de vivre en couple. Ce n'est plus le cas depuis les années 2000 pour nombre d'entre elles, et plus encore pour les plus jeunes, qui la recherchent plutôt dans l'autonomie. Si on ne croit plus vraiment au couple tout en le recherchant, c'est qu'hommes et femmes ont changé : sous l'influence de la norme encore dominante, celle de l'idéalisation du couple, nos contemporains cherchent toujours le partenaire idéal pour former un couple parfait ; mais une si forte exigence a entraîné un certain désenchantement et un risque plus grand de solitude – qui n'est pas pour autant toujours synonyme de mal-être.

I

Une impossible rencontre

2
L'INDÉPENDANCE DES FEMMES

« Je n'ai plus d'illusions sur les hommes, je les ai calibrés. »

Christine, 53 ans.

L'autonomie des femmes et leur liberté sexuelle ont amené un changement considérable dans leurs relations avec les hommes. Elles sont à l'origine du changement des couples, car ce sont elles qui s'interrogent le plus. La monogamie était apparue pour aider les mères à élever les enfants mais, désormais, qu'elles soient célibataires ou en couple, elles se débrouillent souvent seules avec leurs enfants. Alors, quel besoin ont-elles encore des hommes ? Pour la première fois dans la vie de l'humanité, plus rien de concret ne les incite à se mettre en couple. Certes, il reste l'amour, mais la définition qu'elles en donnent ne correspond pas toujours à celle qu'en ont les hommes.

Le travail, émancipation et contrainte

Un premier changement dans la vie des femmes concerne l'activité professionnelle : même si elles sont loin d'être les égales des hommes sur le plan économique et social, les femmes françaises sont de plus en plus actives (47,5 % d'entre elles travaillent) et aussi plus diplômées (51 % d'entre elles avaient un niveau supérieur au baccalauréat en 2005, contre 43 % pour les hommes)[1]. Néanmoins, si elles représentent 46 % de la population active, elles n'occupent que 24 % des postes à responsabilité dans les entreprises, et seulement 6 à 8 % des postes de direction. Même si les médias mettent en avant quelques femmes exceptionnelles pour leur réussite, l'inégalité homme/femme persiste dans le monde du travail. À compétence égale, le salaire des femmes reste inférieur de 15 à 20 % à celui des hommes ; et une analyse précise montre qu'on retrouve les femmes surtout dans des métiers dont les hommes ne veulent plus, parce qu'ils sont moins bien payés[2].

Autrefois, les femmes ne pouvaient se mettre en avant que dans des métiers dits « féminins » – gouvernantes, enseignantes ou infirmières –, c'est-à-dire correspondant au rôle ancestral des femmes[3] ; et, pour convenir, il valait mieux qu'elles soient célibataires. Pour celles qui réussissaient dans des métiers traditionnellement réservés aux hommes, on pointait le côté masculin de leur personnalité. Bien sûr, les choses ont changé et les femmes peuvent désormais prendre des cours de self-défense ou de bricolage, entrer dans l'armée ou dans la police. En théorie, rien ne s'oppose à ce qu'elles revendiquent les mêmes métiers que les hommes, car, avec le développement de l'automatisation dans la plupart des secteurs, y compris industriels, les contraintes physiques sont moins fortes. Pourtant, on continue à apprendre aux petites filles qu'elles

1. *Le Monde*, 17 janvier 2007.

2. Voir Margaret MARUANI (dir.), *Femmes, genre et sociétés, l'état des savoirs*, La Découverte, Paris, 2005.

3. Pascale MOLINIER, *L'Énigme de la femme active*, Payot, Paris, 2003.

sont fragiles et inférieures physiquement, qu'elles ne sauront pas manier des outils et que donc elles ont besoin d'un homme pour les protéger et les aider au quotidien. Certaines ont intégré ce message de leur fragilité et leur acceptation se transforme parfois en véritable handicap.

Alors que la situation des femmes s'est beaucoup améliorée depuis les années 1970, beaucoup d'entre elles se plaignent aujourd'hui de leur difficulté à obtenir une égalité réelle, à être reconnues à leur juste valeur. Et, même si elles en font beaucoup sur le plan professionnel, comme sur les plans familial et sexuel, elles ont souvent l'impression que leur échec avec les hommes vient de ce qu'elles n'en font pas assez.

Pour les femmes, le travail est une condition pour se réaliser, un moyen d'affirmation de soi, alors que les hommes tendent à considérer le travail de leur femme comme source d'un revenu complémentaire, voire comme une sécurité pour le cas où ils se retrouveraient au chômage. Et si la majorité des femmes travaille, ce n'est pas toujours dans une perspective d'émancipation, mais dans une logique plus trivialement économique, afin de disposer de deux salaires pour faire vivre la famille ou comme une sécurité pour le cas où elles se retrouveraient seules. Souvent, dans le couple, le « salaire d'appoint » de la femme part dans les petites dépenses de la vie quotidienne, tandis que celui de l'homme est affecté aux gros achats et aux crédits. Cette répartition, qui peut paraître anodine, a parfois de graves conséquences lors des divorces, l'homme pouvant arguer qu'ayant payé seul le crédit, il est seul propriétaire de l'appartement acheté en commun. Par ailleurs, si les femmes ont gagné leur liberté et leur autonomie, elles n'ont pas lâché pour autant le travail domestique : au prix d'un accroissement des contraintes, elles s'ingénient à tout réussir à la fois. Le travail ne les éloigne pas de leur rôle ancestral, car dans le couple le noyau dur des tâches domestiques continue à reposer sur elles dans

80 % des cas. Elles sont devenues femmes-orchestres, assumant (presque) seules les rôles féminins traditionnels et en même temps les activités autrefois réservées aux hommes. Afin de garder du temps pour l'éducation de leurs enfants ou pour prendre soin de leurs proches, elles se tournent très souvent vers des métiers moins bien payés, mais qui leur laissent plus de disponibilité.

En France, selon une enquête menée par l'Insee en 1999, la répartition des tâches a peu évolué dans un couple moderne par rapport à ce qu'elle était trente ans plus tôt. Les femmes consacraient en moyenne trente-trois heures par semaine au ménage, aux courses, à l'entretien du linge et aux soins apportés aux enfants. Les tâches qui incombent aux hommes et celles qui reviennent aux femmes ne sont pas équivalentes du point de vue des désagréments qu'elles causent, de la satisfaction qu'elles procurent et enfin des contraintes et des responsabilités qu'elles impliquent. Si on considère que, même dans les couples modernes où les deux travaillent, les activités domestiques occupent les femmes seize heures par semaine contre six heures pour les hommes[1], et que ceux-ci, quand ils participent aux tâches ménagères, choisissent en priorité les activités les moins contraignantes (comme la vaisselle ou les courses, ou encore passer l'aspirateur), on comprend qu'un grand nombre de femmes se sentent flouées. Il faut dire à la décharge des hommes que les femmes elles-mêmes ont souvent du mal à se libérer des stéréotypes féminins de la parfaite maîtresse de maison et que, très souvent, elles préfèrent assurer elles-mêmes les corvées domestiques plutôt que d'entendre leur mari bougonner ou s'en charger à contrecœur.

1. Étude « LG Électroménager »/Ipsos, janvier 2005 (citée par Gérard MERMET, *Francoscopie 2007*, Larousse, Paris, 2006).

Le piège de la disponibilité

L'indépendance financière est une condition importante de l'autonomie des femmes, mais ce n'est pas suffisant. Car même quand elles travaillent et gagnent bien leur vie, elles continuent à se définir par leur rôle domestique ; et elles se culpabilisent si le couple ou les enfants vont mal. Les femmes dont les compagnons refusent de partager les tâches quotidiennes doivent souvent renoncer à des responsabilités professionnelles ; et on continue à trouver normal que ce soit la femme qui s'efface pour suivre son compagnon. Quand il y a des enfants, à niveau de responsabilité égal, ce sont plus souvent les femmes qui mettent leur travail en sourdine pour s'en occuper ; par exemple, quand un enfant est malade, c'est la mère qui est appelée à son travail et doit prendre un « congé enfant malade ».

Quand elles divorcent, certaines femmes expliquent que leur nouvelle situation ne leur a apporté que très peu de contraintes supplémentaires par rapport à ce qu'elles vivaient en couple. C'est ainsi que Lara, 45 ans, attachée de presse, divorcée avec deux enfants, me raconte :

> À chaque fois que j'ai vécu en couple, il m'a fallu renoncer à une grande part de mon individualité. Quand mes enfants étaient petits, j'ai dû travailler moins, renoncer à des sorties et même à un poste à l'université, car leur père refusait de partager les contraintes : « C'est toi la mère ! » À la maison, je me chargeais de presque tout : les courses, la préparation des repas, la surveillance des devoirs scolaires. Mon mari tenait les comptes et organisait les vacances. Après mon divorce, j'ai tenté une autre vie de couple, mais ce n'était guère mieux. Alors, pour le moment, je suis seule.

À défaut de pouvoir construire leur propre projet, nombre de femmes s'investissent à fond dans le projet du conjoint, mais elles prennent ainsi le risque, après des années de mariage et de renoncement à leur carrière professionnelle, de se retrouver un jour laissées sur le bas-côté. Mariette, comédienne et écrivaine, 62 ans, en a fait la triste expérience :

> Au début de notre couple, j'ai valorisé mon mari, je l'ai mis sur un piédestal, j'étais au service de ses propositions. Maintenant, il est dans une maturité harmonieuse, et un homme de 60 ans, ça plaît aux femmes plus jeunes. Il en profite et papillonne.
> Moi, j'ai perdu ma substance, une femme de mon âge n'est plus intéressante pour personne, si ce n'est par son expérience, son savoir-faire ou même sa spiritualité. Certes, avec la ménopause, j'ai maintenant la possibilité de construire autre chose qui n'est pas fondé uniquement sur les hormones femelles, mais je ne connais pas ce chemin, je ne l'ai jamais pris.

Les femmes de la génération du *baby boom* se sont ainsi laissé piéger dans des relations où elles ont pris l'habitude de donner trop. Certes, elles ont revendiqué leur autonomie, l'égalité entre les sexes, mais elles sont souvent restées attachées aux rôles traditionnels dans le couple. Certaines sont tellement actives et réparatrices qu'elles tendent à porter tout leur entourage. Dans un registre d'amour altruiste, elles tentent de réparer les hommes, de les sauver de leurs dépendances ou de leur violence. Les hommes ne s'y trompent pas et leur demandent beaucoup, comme en témoigne Élisabeth, professeur d'université, divorcée, 49 ans :

> Enfant, je voulais être une guerrière. Je rêvais d'être aimée des plus grands princes. J'ai toujours cherché à séduire les hommes. Comme je ne pouvais pas les aider, les sauver,

je leur donnais du plaisir. Maintenant, je soutiens tout le monde : mon vieil amant qui craint que je ne le désire plus, mon ex-mari qui me consulte avant toute décision importante, mon père depuis la mort de ma mère et mes vieux amis en galère. Ces hommes, je les aime, mais ils sont lourds à porter. Ils attendent trop de moi. Ils sont tournés vers moi comme des tournesols vers le soleil. Je suis fatiguée de servir de béquille à tous.
Alors, pour échapper à ça, cet été, je vais partir en vacances avec deux copines. Nous sommes toutes au même tournant de notre vie : seules, désillusionnées par rapport au travail. Nous soutenons nos hommes qui vont encore plus mal que nous, qui sont trop fragiles.

Les femmes ont été « conditionnées » à être là pour les autres, à tenir compte du désir de l'autre avant tout, et beaucoup ont ainsi perdu conscience de leur désir propre. Elles sont des stakhanovistes du courage, de la lutte permanente sur tous les plans. Elles doivent en permanence prouver qu'elles existent, qu'elles ont le droit de travailler, qu'elles sont bonne épouse, bonne mère, maîtresse, fille… Quand elles chancellent, ces femmes ne le montrent pas. Certaines d'entre elles disent qu'instinctivement elles se mettent au second plan quand elles sont avec un homme : « Je ne me sens pas seule tant qu'il y a quelqu'un dont je dois m'occuper », dit encore Élisabeth.

Autrefois, elles étaient au service de l'homme et on attendait d'elles qu'elles soient effacées, dociles, soumises aux contraintes et aux humiliations.

De sa période en couple, Jeanne (45 ans, divorcée, trois enfants en garde alternée) avait gardé le souvenir d'un manque de temps perpétuel. Entre le travail dans la journée, les enfants le soir, l'entretien de la maison, les repas et ce qu'elle appelait les « loisirs forcés », il ne restait pas

> de temps pour elle. Dans les rares moments où elle aurait pu ne rien faire, il fallait aller à la campagne, pour « aérer les enfants ». Si elle refusait, elle se faisait traiter de mère ingrate, d'égoïste, de paresseuse.
> Depuis qu'elle vit seule, elle a l'impression d'utiliser son temps au mieux : du temps avec les enfants, du temps pour lire et écrire, pour les loisirs – dîners, expos, ciné avec les copines. Et, pour le sexe, un ou deux amants solitaires. Refaire une vie de couple lui paraîtrait une perte de temps. Elle n'a plus de place pour cela dans sa vie.

Nous ne sommes toujours pas sortis d'une vision traditionaliste du monde, où la femme s'occupe du privé et de l'interpersonnel, et les hommes de la vie publique et des sciences. Et on continue à opposer la réussite sociale et professionnelle des femmes à leur réussite amoureuse, ce qui implique que, pour réussir un couple, il leur faudrait mettre leur travail en sourdine. Si une femme affiche une trop forte personnalité, on plaindra son mari, considérant qu'il est « écrasé ». Alors que si c'est l'homme qui a une forte personnalité, on considérera comme normal que sa femme reste dans l'ombre. Celles qui réussissent trop bien sur le plan professionnel inquiètent les hommes : soit ils les fuient, soit ils les agressent. Élisabeth ne l'accepte plus :

> Que faire pour ne pas faire peur aux hommes ? Jouer à me montrer ce que je ne suis pas, jouer la comédie de la fragilité pour sauvegarder leur ego ?

La revendication d'autonomie

Parce qu'elles ont tout à y gagner, les femmes sont donc à l'initiative du changement du couple. Pour beaucoup, la vie dans le cadre du couple traditionnel apparaît en effet comme une entrave à leur réussite professionnelle et à leur épanouissement social. Cela explique qu'elles sont de plus en plus nombreuses à refuser le quotidien avec un homme, estimant que cela ajoute une contrainte supplémentaire à une vie déjà chargée. Celles qui gagnent bien leur vie, qui ont une activité professionnelle et sociale stimulante, deviennent exigeantes. Elles veulent bien de l'amour, mais elles refusent de perdre leur autonomie. Annick, médecin, 52 ans, le dit clairement :

> Je n'ai pas besoin d'un homme, je gagne bien ma vie, je gère tout sur le plan matériel, je pars en vacances seule, j'ai beaucoup d'amis, je m'organise comme je veux.

Dans les années 1960, la féministe américaine Betty Friedan avait montré comment le discours dominant tendait à enfermer les femmes dans le couple en les dépossédant de toute identité[1]. Aujourd'hui, elles cherchent à trouver une place qui leur soit propre, et certaines disent qu'il leur faut être seules pour retrouver leur identité. Dans une société qui prône l'individualisme, la réalisation de soi et le bien-être personnel, de plus en plus de femmes hétérosexuelles refusent de sacrifier leur indépendance pour le confort supposé d'une vie de couple : elles refusent le rôle de petite chose fragile et soumise qui leur était attribué. Le modèle de la femme au foyer se sacrifiant pour mari et enfants ne leur convient plus. Elles ne veulent plus être la « femme de… », mais un individu en soi. Et une relation avec un homme doit être un « plus » qui contribue à les construire.

---

1. Betty FRIEDAN, *La Femme mystifiée*, Gonthier, Paris, 1971.

Les mouvements féministes, en encourageant chez les femmes une prise de conscience de leur condition, ont produit des effets irréversibles : elles sont devenues exigeantes sur la qualité de la relation. Elles souhaitent trouver quelqu'un qui les rassure, mais également qui les surprenne et les exalte. Et elles aimeraient pouvoir intégrer tendresse et sexualité dans leurs relations avec les hommes. Elles continuent souvent à attendre un prince charmant, mais pas à n'importe quel prix. Si l'autre ne respecte pas leur personnalité, elles préfèrent rester seules. Voici comment Sylvie, 30 ans, divorcée d'un homme possessif, décrit l'homme qu'elle aimerait rencontrer :

> Mon indépendance et mon besoin de solitude sont immenses, aussi j'ai besoin qu'un homme ait sa vie de son côté, ses amis, ses sorties, son travail, qu'il soit amoureux, attentif, attentionné et présent. Me fréquenter ne devrait pas dire tout arrêter pour moi et ne vivre que pour moi. Bien au contraire, il faut continuer sa vie et la faire partager à l'autre. Cet homme doit être passionné, mais pas fusionnel. La présence n'est pas forcément physique, mais bien plus psychologique et affective. Il faudrait pouvoir se voir uniquement quand on en a envie, en respectant le jardin secret et l'intimité de l'autre.

Ces femmes ne se laissent plus faire et les hommes disent qu'elles sont devenues dures. On y reviendra, ils peinent souvent à assumer leur réussite, leur dynamisme et leur capacité à résoudre les problèmes. En amour, elles savent prendre l'initiative, et certaines s'approprient même la part machiste des hommes et n'ont pas peur de jouer les Don Juan au féminin et de « consommer » des hommes. Elles veulent tout : un homme qui ait les attributs de la virilité, grand, costaud, rassurant et solide, mais qui ne soit pas macho et qui ait aussi les caractéristiques d'une femme… Sylvie précise ainsi :

> Pour être à égalité avec moi, cet homme ne doit être ni macho ni possessif. Il faut qu'il soit fiable et solide, serein et posé. J'aimerais également qu'il soit intelligent et drôle, qu'il ait de la répartie et me fasse rire. J'ai besoin d'admirer pour aimer, et donc je ne supporterai pas un homme faible ou vivant à mes crochets. J'aimerais qu'il me fasse découvrir d'autres horizons et connaître des choses que je ne connais pas.

Il n'y a rien d'étonnant à ce que, de temps en temps, certaines de ces femmes « modernes » peinent à supporter la cuirasse qu'elles se sont ainsi forgée.

La maturité des femmes du *baby boom* et la nouvelle solitude

Si toutes les générations sont touchées par cette mutation, le changement le plus manifeste concerne les femmes de la génération du *baby boom*, âgées de 50 à 60 ans dans les années 2000. Elles avaient cru à la libération des femmes, elles se sont mises à travailler et ont voulu réussir sur tous les tableaux : vie professionnelle, vie de couple, vie de famille[1]. Elles ont essayé d'être à la fois bonnes professionnelles, bonnes mères et amantes séduisantes. Et, tout en étant très investies dans leur travail, elles ont tenté de protéger leur couple. Mais, au même moment, beaucoup d'hommes de

1. Voir Michèle FITOUSSI, *Le Ras-le-bol des superwomen*, Calmann-Lévy, Paris, 1988.

cette génération, profitant d'une plus grande liberté sexuelle, ont été infidèles. Et les femmes se sont senties trahies, comme le dit Gina, 51 ans, juriste :

> J'ai été mariée pendant quinze ans, j'ai élevé mes enfants pratiquement seule parce que le papa « travaillait ». Pourtant, moi aussi j'avais un emploi et je gagnais autant que lui. Pendant toutes ces années, je me suis efforcée d'être parfaite : je gérais la maison, préparais des petits plats équilibrés pour protéger le taux de cholestérol de mon conjoint et donner le goût des fruits et légumes à mes enfants ; je prenais des places de théâtre ou de concert, car monsieur disait que je savais mieux m'occuper de tout cela, et je m'efforçais de rester séduisante, sexy, pour alimenter son désir. Résultat, il m'a trompée régulièrement tout en disant qu'il resterait pour ne pas casser la famille.
>
> C'est moi qui ai demandé le divorce et je ne le regrette pas. Depuis que je vis seule, comme je dispose de plus de temps, j'ai pu m'investir plus dans mon travail. J'ai maintenant des responsabilités importantes et je gagne bien ma vie. Mon ex-mari en a profité pour diminuer la pension alimentaire pour mes enfants qui font des études supérieures onéreuses à l'étranger. Je trouve cela dommage pour eux, mais je préfère assumer plutôt que d'entrer dans un nouveau conflit mesquin.

Du coup, à défaut de trouver des relations satisfaisantes avec les hommes, certaines de ces femmes dans la maturité choisissent la solitude – et parfois l'absence de relations sexuelles. Cela leur permet de profiter de la vie, de pratiquer sports et loisirs, de voyager, ce qui leur apporte des satisfactions plus assurées. Pour beaucoup de ces femmes, amour rime avec souffrance et dépendance. Aussi, afin de protéger leur liberté, elles rejettent désormais de leur vie tout ce qui rend dépendant. Cela exclut parfois l'amour, mais pas forcément la sexualité ni le plaisir d'être avec un homme pendant une soirée.

La défiance nouvelle des femmes vis-à-vis des hommes peut prendre de multiples formes. Nombre d'entre elles ont cherché à maintenir à tout prix leur homme dans une position phallique et sont affligées quand il perd son aura, désillusionnées quand il se révèle naïf et fragile. Celles qui ont été négligées ou brutalisées dans un précédent couple peuvent cesser de faire confiance aux hommes et regarder d'un air soupçonneux toute forme de bienveillance. Certaines refoulent leurs sentiments et deviennent farouchement indépendantes : « Je n'ai besoin de personne ! » D'autres développent une peur profonde et réagissent de façon excessive à toute critique : ayant une piètre opinion des hommes, qu'elles perçoivent comme des handicapés sur le plan de la communication affective et obsédés sexuellement, elles rêvent parfois d'un monde sans hommes. Ainsi, dans un roman de science-fiction publié en 1989, *Le Rivage des femmes*[1], l'écrivaine féministe américaine Pamela Sargent (née en 1948) décrivait un monde où, après un holocauste nucléaire, femmes et hommes vivent séparés : les femmes dans les villes, où elles ont préservé la civilisation et la technologie ; les hommes dans les prairies et les forêts, où ils errent par bandes. Maintenus dans l'ignorance, ces derniers reçoivent comme des bénédictions l'illusion électronique de satisfactions érotiques quand ils sont « appelés » à donner leur sperme.

Cette fable extrême exprime sans doute crûment le sentiment inavoué d'une partie significative des femmes de la génération du *baby boom* dans les pays occidentaux : quand une femme a été déçue (et *a fortiori* victimisée) dans un

---

1. Pamela SARGENT, *Le Rivage des femmes*, Robert Laffont, Paris, 1989.

précédent couple, elle devient excessivement méfiante. Et la méfiance des femmes de cette génération à l'égard des hommes s'est souvent transmise à leurs filles. Quelle image des hommes peuvent avoir les petites filles quand leur mère a été trompée, abandonnée ou maltraitée ? Comment croire au couple quand on a vu ses parents se déchirer sur des histoires de patrimoine ou de garde d'enfant ? Ce n'est plus l'image de l'amour rédempteur, c'est celle de l'amour destructeur.

En témoigne par exemple Maria, 37 ans, caissière de supermarché, fille d'une mère célibataire ayant élevé seule trois enfants et qui a étendu aux « gens » sa phobie des hommes :

> Je suis seule. J'ai pratiquement toujours été seule. Les hommes, je n'ai pas confiance en eux, ils veulent du sexe et on ne peut pas compter sur eux. J'élève mon fils, je travaille, c'est tout. J'ai ma famille, deux copines, ça me suffit. *Avec les gens, il y a toujours des histoires* [souligné par moi]. Pas question que je fasse comme ma mère, qui a été battue par chacun de ses compagnons.

Si les femmes sont plus souvent seules, c'est donc en partie parce que leur relation aux hommes a changé et qu'elles sont devenues plus exigeantes. Mais c'est aussi pour des raisons démographiques car, depuis les années 2000, l'inégale répartition de la solitude selon les sexes s'accentue à la cinquantaine. Il naît en effet une proportion constante de filles et de garçons (105 garçons pour 100 filles) et les hommes demeurent plus nombreux que les femmes jusqu'à l'âge de 30 ans. Ensuite les proportions restent équilibrées jusqu'à 55 ans. Au-delà, les femmes deviennent peu à peu largement majoritaires. En 2003, la France métropolitaine comptait ainsi 30,7 millions de femmes pour seulement 29 millions d'hommes. Elles représentaient en moyenne 54 % des 60-74 ans et deux tiers des plus de 75 ans.

Les femmes vivant seules sont souvent citadines et surdiplômées (une femme cadre sur cinq vit seule). Et leur célibat est, sinon choisi, du moins le plus souvent assumé, même si cela ne les empêche pas de chercher un compagnon sur Internet. Alors qu'au XIXe siècle le célibat féminin était essentiellement le fait des pauvres (ouvrières et domestiques, servantes rurales, femmes sans dot), il est désormais beaucoup plus associé à la surqualification.

En France, nous l'avons dit, ce sont le plus souvent les femmes qui demandent le divorce, même si cela est souvent dur pour elles matériellement ; et beaucoup osent dire ensuite qu'elles sont soulagées, qu'elles vont enfin pouvoir vivre à leur guise, ne se priver de rien. Plus encore, on constate que, si dans les générations précédentes, les femmes cherchaient à tout prix à se marier et ne craignaient rien tant que de « fêter sainte Catherine », il y a désormais beaucoup plus de femmes que d'hommes qui refusent l'engagement du mariage. Elles ont été élevées par des mères qui ne travaillaient pas en dehors de la maison parce qu'elles n'avaient pas fait d'études, ou parce que leur mari leur avait fortement suggéré que, pour le bien de la famille, il serait préférable qu'elles restent au foyer. Elles avaient vu leur mère se plaindre des contraintes du mariage, de l'infidélité de leur époux et de l'impossibilité qu'elles avaient de divorcer dans des conditions correctes, puisqu'elles n'avaient pas d'autonomie financière.

Le choix de la solitude

Après une séparation, il est rare que les femmes cherchent à se remettre immédiatement en couple traditionnel. Elles disent souvent avoir besoin d'un temps de récupération, seules, pour se réunifier, se reconstruire. Pour un nouveau couple, elles mettent leurs conditions, comme l'explique Lara, 45 ans :

> Je veux bien me mettre en couple, mais il faut que le jeu en vaille la chandelle. L'autre doit m'apporter quelque chose en plus, pas seulement sa présence, mais aussi la sécurité matérielle, une introduction à un environnement social plus élevé, et surtout une stimulation intellectuelle, culturelle ou bien une ouverture sur un monde inconnu.

La plupart des femmes ne veulent plus des rapports de forces qu'implique souvent une relation amoureuse, elles sont fatiguées des enjeux de séduction, des prises de pouvoir de l'un sur l'autre, de la crainte permanente d'être quittées. Certaines tentent de trouver un autre partenaire, mais elles ont conscience que, pour cela, il leur faut se préparer. Elles doivent d'abord tourner la page de l'histoire passée, puis s'organiser, se montrer féminines – car les hommes cherchent des femmes sexy qui viendront rehausser leur libido –, donner l'illusion de la légèreté – car une femme tourmentée n'est pas attirante –, savoir néanmoins gérer les problèmes d'intendance – car un homme n'a pas envie de se plomber l'avenir avec des problèmes – et jouer la comédie du bonheur – car comment séduire en alignant ses antidépresseurs à l'heure de l'apéritif ?

Devant tant d'efforts à fournir, certaines renoncent. Car pour de plus en plus de femmes, quoi qu'elles en disent, et surtout quoi qu'en disent les journaux féminins, l'amour n'est pas la priorité. Elles cherchent d'abord à réaliser leur vie professionnelle et obtenir une certaine sécurité matérielle, pour s'occuper ensuite de leur stabilité amoureuse. C'est le cas de Béatrice, 57 ans, infirmière :

> Je ne mets pas en doute l'amour de ces hommes, mais c'est un amour qui implique que je m'occupe d'eux, et ça, j'en ai marre. J'ai élevé mes enfants, je me suis occupée de mes parents malades tout en travaillant, désormais j'aimerais rencontrer quelqu'un qui s'occupe de moi et, comme je sais que je ne l'aurai pas, je préfère rester seule.

Aujourd'hui, plus une femme acquiert d'autonomie et plus il lui sera difficile de se remettre en couple après un divorce. Elle aura appris à gérer son temps, son argent, ses loisirs, ses amitiés et elle supportera très mal le moindre contrôle. Elle trouvera un réel plaisir dans la maîtrise de la situation. Celles qui vivent bien cette solitude sont souvent perfectionnistes, irréprochables, elles ont même parfois un moi hypercontrôlé, qui cherche à atteindre la perfection. Après quelques expériences désastreuses, certaines, comme Laura, 46 ans, préfèrent rester seules :

> Parce que mon mari ne le faisait pas, j'ai appris à gérer seule toute l'organisation de la maison, les courses, les réparations, les devoirs des enfants et les liens avec l'école, et même les loisirs. Je suis devenue hyperorganisée, dans l'efficacité. Je lui demandais souvent de m'aider, mais, quand il consentait à faire quelque chose, c'était du registre de l'exploit et c'était finalement encore plus compliqué pour moi, alors je ne demandais plus rien.
>
> Quand, avant notre séparation, nous sommes allés voir un conseiller conjugal, il a dit qu'il avait l'impression qu'il n'y avait pas de place pour lui, mais il fallait bien que cette maison fonctionne avec ou sans lui. Son départ n'a rien changé sur un plan pratique, j'ai toujours les mêmes soucis, les mêmes corvées, mais je peux m'organiser comme je veux.

Certes, il arrive encore que les femmes qui choisissent de vivre seules gardent une image inquiétante aux yeux de ceux qui en sont restés au couple traditionnel. Elles peuvent être culpabilisées ou traitées avec commisération. On les plaint, on pense qu'elles ont un problème ou encore qu'elles ont été victimes ; d'autres fois on les redoute. On n'est pas si loin alors des sorcières que l'on brûlait sur la place publique : elles ont une liberté, une toute-puissance qu'il faut détruire, car elles menacent le pouvoir des hommes. Les couples se méfient d'elles, les femmes mariées craignent la dévoreuse de maris :

> Après avoir quitté un mari avec qui elle s'ennuyait, Corinne, 41 ans, institutrice, dit qu'elle n'a pas envie de se remettre en couple, car elle craint de s'installer dans une sagesse un peu triste. Pourtant, elle dit que la relation avec un homme lui manque : « Le problème des femmes seules, c'est que nous formons un clan à part. Nous sommes contentes de nous voir, de faire des choses ensemble, mais nous sommes exclues des rencontres de couple car les femmes mariées nous évitent, de crainte qu'on leur pique leur mec. »

Quand une femme est libre et indépendante, puisque jusqu'à présent ce comportement était réservé aux hommes, elle s'entend parfois dire qu'elle a un comportement masculin, voire machiste. Mais ce type d'attitude tend à devenir moins fréquent : les femmes célibataires suscitent moins qu'auparavant raillerie ou compassion et subissent moins douloureusement la pression sociale.

Car même si socialement ce n'est pas toujours facile pour elles, les femmes s'accommodent mieux de la solitude que les hommes. Beaucoup ont une vie sociale riche, des activités intellectuelles et culturelles. On constate chez elles un important décalage entre leur grande disponibilité aux autres et un goût de l'isolement qui pourrait apparaître à certains comme de l'égoïsme. Parce qu'elles rencontrent beaucoup de gens, elles ne se perçoivent pas comme seules. Elles mettent en place un nouveau mode de vie avec des lieux où se retrouver, des dîners de filles où elles peuvent se lâcher, rire, parler de tout sans la peur d'être jugées. Non seulement elles s'accommodent bien de la solitude, mais certaines d'entre elles font le choix de s'installer seules à la campagne ou à la montagne.

> À 39 ans, après un licenciement, Hélène décide de quitter Paris pour s'installer seule, avec ses chats, dans une petite maison à la campagne : « Puisque en ville on est seul, autant l'être réellement et dans un endroit paisible ! » Au travail, lorsqu'il y avait eu une restructuration, elle avait connu les rivalités, les luttes de pouvoir, chacun étant prêt à éliminer l'autre pour garder son poste. Elle ne veut plus de ce type de relations. Précarité pour précarité, elle travaillera comme intérimaire.
>
> Sur le plan affectif, au sortir d'une séparation, elle avait besoin d'un peu de temps pour y voir clair : « Je voulais me débarrasser du besoin d'être aimée. Je ne veux plus avoir besoin de personne ! » Après une installation difficile, où le manque de contact et la rudesse de ses conditions matérielles lui pèsent, elle apprend à goûter à la paix et au silence, à la douceur de se promener dans la campagne au petit matin. Elle dit qu'elle ne restera pas toute sa vie dans cet isolement, mais il n'est plus question pour elle de revenir à Paris.

Elles choisissent l'éloignement comme une étape, un moyen de se reconstruire après une séparation ou un deuil, ou bien comme une façon de faire une pause, de se retrouver.

Quelques-unes établissent d'emblée la solitude comme mode de vie. Il est important pour toutes ces femmes de se débrouiller seules. Même si leur liberté se paie cher avec parfois le doute, la douleur, un sentiment d'abandon, il s'agit pour elles d'une mise à l'épreuve de leur courage, de leur valeur. Si elles sont plus nombreuses que les hommes à faire ce choix, c'est que leur autonomie n'est pas tenue pour acquise *a priori*.

Des psychanalystes ont avancé l'hypothèse que si certaines femmes choisissent la solitude, c'est que leur corps est habité par le père : « Le lien inconscient entre une fille et un père charismatique est d'une telle solidité qu'aucun prétendant ne peut rivaliser avec lui[1]. » Mais ne serait-ce pas plutôt leur déception face à l'échec d'une mère ayant subi la domination de son mari, ou bien face à une mère frustrée ou peu chaleureuse ? Ces femmes disent toutes : « Je ne veux pas ressembler à ma mère ! » Dans son livre de témoignage sur la solitude radicale de quelques femmes à la campagne, Françoise Lapeyre avait rapporté que le point commun de ces femmes était d'avoir eu une enfance sans mère ou avec une mère non aimante qui avait ainsi initié la petite fille à la solitude[2].

La solidarité des femmes

Dans leur quête d'autonomie, elles sont souvent soutenues par les autres femmes, car il existe une grande connivence et solidarité entre les femmes seules. C'est ainsi qu'Inès, 60 ans,

1. Alberto EIGUER, *L'Éveil de la conscience féminine*, Bayard, Paris, 2002.

2. Françoise LAPEYRE, *Femmes seules retirées loin des villes*, J.-C. Lattès, Paris, 2003.

très angoissée après une rupture particulièrement brutale, a été littéralement « portée » par ses amies jusqu'à ce qu'elle récupère. Voici ce qu'elle leur a écrit par la suite :

> Certaines d'entre vous se connaissent. D'autres pas. Certaines d'entre vous se ressemblent. D'autres pas du tout. Pourtant vous avez un point commun : vous êtes mes amies. Quand j'étais dans le brouillard total, vous m'avez aidée à trouver ma route et à me remettre debout sur le chemin. Vous m'avez redonné le goût de vivre. Vous m'avez toutes dit cette phrase : « Tu peux m'appeler à n'importe quelle heure du jour et de la nuit ! »
>
> Vous m'avez recueillie chez vous. Un certain temps, j'avais des chemises de nuit et des brosses à dents un peu partout. Vous m'avez kidnappée à maintes reprises : « Qu'est-ce que tu fais demain ? » « Rien » « Eh bien, fais ta valise, je t'emmène avec moi au bord de la mer. » Ou bien : « Ce soir, il y a un festival de jazz, on y va. » Avec vous, je me suis laissée faire dans la confiance. Vous m'avez mitonné des petits plats pour moi toute seule ; vous êtes remontées de la cave une bonne bouteille à la main : « Celle-là, tu m'en diras des nouvelles ! » Vous m'avez choisi dans votre collection privée quelques films irrésistibles.
>
> Avec vous, j'ai pleuré, mais aussi beaucoup ri. Nous avons dit beaucoup de mal des hommes : « Mon mari, tu ne sais pas ce qu'il m'a fait ? » « Je ne te crois pas ! » « Si, je te le jure ! ». Et alors, quels fous rires libérateurs !
>
> Vous m'avez prise dans vos bras. Ensemble, nous avons marché en écoutant le bruit des vagues. Vous m'avez donné l'envie de m'acheter des fringues, de changer de décor, de me « relooker ». Vous m'avez écoutée au téléphone jusqu'à « point d'heures ». Vous avez traversé tout Paris en métro à 11 heures du soir

> pour me venir en aide puis dormir quelques heures sur mon canapé.
> Vous m'avez fait goûter à la paix et à la joie de l'instant présent.
> Vous avez su dire les mots justes. Vous avez su écouter. Vous m'avez fait chanter « *Gracias a la vida* ».
> Je mesure aujourd'hui tout ce que vous avez fait pour moi, la chance de vous avoir connues, cette chaîne d'amitié de toutes les femmes merveilleuses que vous êtes.

Les femmes disent qu'elles ont entre elles des relations plus profondes et plus riches qu'avec les hommes, ce qu'elles regrettent. On les entend souvent dire : « Quel dommage que je ne sois pas lesbienne, ce serait plus simple ! » Mais on peut penser que, justement, si les relations sont plus légères, c'est qu'elles sont dénuées de désir sexuel. Cela ne veut pas dire que ces femmes n'aiment pas les hommes, mais simplement que les relations avec des copines sont plus simples. Elles y trouvent de la connivence, du rire simple et surtout de la solidarité. Christine, 53 ans, assistante sociale :

> Je suis bien avec mes amies qui aiment mon côté battant. Avec les femmes, c'est facile, on a les mêmes pôles d'intérêt, les mêmes rigolades, alors qu'avec les hommes, on ne se marre pas. Il faut être comme ils aiment : habillées en jupe, pas de couleurs sombres. Je n'ai plus d'illusion sur les hommes, je les ai calibrés. Je préfère le registre bonne copine, car, comme je suis généreuse, je reçois beaucoup en retour.

Les femmes seules se retrouvent souvent entre elles comme à l'adolescence, à l'époque où ne se posait pas la question de « s'installer » avec un homme, où il suffisait de s'amuser et de plaire. Quand elles se sont libérées, certaines refusent de faire le deuil de tous les possibles. S'engager avec un homme signifierait renoncer à tous les autres : « Tant que je suis libre, je peux plaire à tous les autres hommes. » Elles veulent avant tout « se » plaire.

Le désir d'enfant

La solitude choisie, on l'a vu, n'est pas le seul fait des femmes mûres : de plus en plus de femmes jeunes – ce sont le plus souvent des diplômées ayant un poste à responsabilité – retardent autant que possible le moment de s'engager dans un couple. Et, quand elles décident de le faire, c'est que, approchant 40 ans, elles ont un choix à faire, avoir un enfant seule ou prendre le risque de ne jamais en avoir. Il est vrai qu'il y a une inégalité entre les sexes, les hommes pouvant théoriquement procréer sans limite, alors que la nature laisse peu de temps aux femmes, leur horloge biologique tourne.

Consciemment ou inconsciemment, ces femmes n'envisagent le couple que dans la perspective des enfants. Parce qu'elles veulent être mère, elles recherchent un père. Ainsi Estelle, 37 ans :

> Je suis prête à avoir un enfant, mais ce qui me manque, c'est le père. Je préférerais ne pas faire cet enfant seule, mais si à 40 ans je suis toujours seule, je le ferai quand même.

Désormais, avoir un enfant n'est plus un accident, mais un choix programmé au moment opportun. Il devient plus facile de décider d'avoir un enfant que de trouver un père pour le faire et, vers 35 ans, certaines femmes se mettent en recherche d'un géniteur (à défaut d'avoir rencontré l'homme idéal, des femmes qui approchent l'âge fatidique de la quarantaine peuvent frapper à la porte des centres de fertilité belges pour une insémination[1]).

> Après plusieurs expériences de couple de deux ou trois ans chacune, Muriel, 36 ans, s'est finalement mariée alors qu'elle était enceinte, et le couple s'installa à Paris. Malheureusement, peu après le déménagement, elle fit une fausse couche et son mari la quitta. Le choc provoqué par la fausse couche suivie de la rupture entraîna un état dépressif masqué par la colère contre son ex-mari : « Il voulait une famille, mais il ne m'aimait pas ! » Après quelques semaines d'antidépresseurs, elle retrouve son dynamisme et s'inscrit à la fois sur un site de voisinage, pour se créer des contacts dans son quartier, et sur un site de rencontres : « Je n'envisage pas de vie sans amour. »
>
> Elle dit qu'elle a du mal à être seule car, depuis l'âge de 16 ans, elle a toujours été en couple, mais surtout, elle veut des enfants et, à 36 ans, après une fausse couche, selon elle, il n'y a pas de temps à perdre. Cadre commercial, elle rencontre beaucoup de gens, mais à Paris elle n'a pas un réseau suffisant car elle est originaire de province et sa vie de couple l'avait éloignée de ses amis.
>
> Sur Internet, sa recherche d'un compagnon est très active : « J'ai rencontré quelqu'un qui me plaît, mais il y a des choses qui ne me conviennent pas tout à fait, et je vais aller voir si je ne trouve pas mieux ! La difficulté est de rencontrer la bonne personne au bon moment, quand chacun est prêt à s'engager. » Avec

1. Rappelons qu'en France, l'assistance médicale à la procréation ne peut bénéficier qu'à des couples hétérosexuels, en âge de procréer, mariés ou apportant la preuve d'une vie commune d'au moins deux ans (loi de bioéthique de 1994).

elle, la plupart des relations démarrent sur les chapeaux de roue et l'autre devient amoureux très vite. Elle pose d'emblée le problème des enfants, car elle pense qu'il vaut mieux être claire dès le début.

Après quelques semaines sur un site de rencontres, elle fait la connaissance d'un homme qui lui convient, mais la relation ne dure que deux mois. Elle est très déçue, car cet homme a rompu par téléphone en lui disant qu'il n'arrivait pas à se projeter, qu'il n'était pas suffisamment amoureux. Elle rencontre alors quelqu'un d'autre, mais celui-ci freine rapidement, expliquant qu'il préférait arrêter tout de suite, car il sentait qu'elle demanderait plus.

Aux dernières nouvelles, Muriel a rencontré un Anglais qui habite à Madrid. Ils ont d'abord eu des échanges virtuels avec une webcam pour se connaître, puis elle est allée à Madrid pour faire sa connaissance. Sans s'être réellement vus, ils avaient le sentiment de bien se connaître quand ils se sont rencontrés. Depuis, ils se sont vus deux ou trois fois, sont amoureux et font des projets d'avenir. La question qui se pose pour eux est le choix d'un pays pour envisager une vie commune, préalable à la venue d'un enfant.

Avoir un enfant est souvent un élément d'une réussite narcissique. Cet enfant est alors investi narcissiquement, il n'est pas seulement un instrument de reproduction sociale, mais une prolongation de soi et de l'amour idéalisé. On pourrait dire qu'il est un objet de consommation émotionnelle.

Gwladys, 48 ans, est séparée depuis cinq ans de Bernard, le père de Louis, son enfant de 12 ans. Depuis la séparation, elle vit seule, sans aucun lien amoureux et sans activité professionnelle. Sa vie est uniquement centrée sur son fils : elle veille à son confort matériel et à ce qu'il ait de bons résultats scolaires. Pour les

devoirs, elle doit tenir compte que, quand il va voir son père le mercredi ou certains week-ends, les devoirs ne sont pas faits, alors elle doit anticiper.
Comme il n'y a eu aucun accord concernant la garde de leur fils, elle doit caler son emploi du temps en fonction de l'organisation du père. De cette façon, Bernard a obtenu ce qu'il voulait de Gwladys, à savoir qu'elle renonce à sa vie propre et qu'elle s'occupe exclusivement de leur enfant pour qu'il soit gratifiant narcissiquement.

De fait, la solitude est surtout difficile pour les femmes qui doivent s'assumer seules matériellement et moralement tout en élevant des enfants. Leur vie est alors tellement remplie par les obligations matérielles – le travail, la préparation des repas, les devoirs des enfants, l'entretien de la maison, etc. – qu'il n'y a plus de place pour une vie propre. Le seul repos consiste à regarder la télévision car, pour les sorties, il faut payer une baby-sitter, et toutes n'en ont pas les moyens. Quand elles étaient en couple, cette charge n'apparaissait pas aussi clairement, même si la sécurité que leur apportait le couple n'était qu'illusoire quand le conjoint était peu conciliant et qu'elles assumaient déjà l'intendance de la maison et l'éducation des enfants.

Il n'est pas facile d'élever seule ses enfants, car la mère occupe tous les rôles : elle materne et en même temps elle est celle qui doit dire non. Ce matriarcat éducatif éloigne les enfants de la réalité et favorise la formation de personnalités narcissiques.

Nathalie, 34 ans, est séparée d'un homme avec qui elle a eu une fille. Elle est restée dans l'appartement qu'elle occupait avec le père, parce qu'elle n'en a pas encore trouvé un plus petit dans un quartier proche de son travail et de l'école de sa fille ; mais quand elle a payé

> le loyer, elle n'a pratiquement plus d'argent. Elle a l'impression qu'entre son travail et son enfant, elle n'a de temps pour rien d'autre : « Je ne suis que mère ! » Elle n'est plus du tout dans la séduction, sa libido est à plat. Mais elle n'envisage pas de se remettre en couple tout de suite, ce qui pourtant l'arrangerait bien financièrement : « Me coucher seule le soir, c'est bien agréable. Je n'ai pas très envie d'avoir un homme à la maison. Je crains les luttes de pouvoir. »

Les difficultés matérielles sont telles que ce sont souvent des motifs économiques qui conduisent des mères divorcées à vouloir refonder une famille traditionnelle. D'autres disent qu'elles ne se remettent pas en couple à cause de l'opposition de leurs enfants. Mais, beaucoup plus souvent, ces derniers souhaitent que leur mère trouve quelqu'un, qu'elle se normalise en quelque sorte, afin de pouvoir dire, comme leurs copains, « mon beau-père », et surtout pour cesser de s'inquiéter pour elle. En effet, beaucoup d'enfants supportent mal la solitude de la mère et la lourde charge d'angoisse et de culpabilité qu'elle peut charrier.

Nous vivons donc actuellement dans une époque de bricolage affectif : les femmes ont obtenu une égalité théorique avec les hommes, mais il leur faut maintenant ajuster leur modèle affectif et émotionnel à leurs nouveaux rôles, trouver de nouveaux modèles de partage avec les hommes. La difficulté consiste à assumer ces nouveaux rôles sans renoncer à leurs désirs, à la maternité, à l'intimité. Les femmes aimeraient bien avoir plus de pouvoir, mais elles ne sont pas forcément prêtes, dans la société dure qui est la nôtre, à se mettre en danger pour cela. Elles se sentent parfois peu assurées et certaines ont même le sentiment d'avoir usurpé leur place. Ce que formule à sa manière

Béatrice : « J'ai longtemps rêvé à un homme solide qui viendrait me soulager du poids des contraintes quotidiennes, partager mes soucis… »

Mais les hommes, on va le voir, ont eux aussi été profondément affectés par les mutations que j'ai évoquées. Et ils éprouvent souvent bien plus de difficultés que les femmes pour y faire face et assumer la solitude.

3
Le désarroi des hommes

« Sauvez les hommes ! »

Publicité pour Kookaï.

Le code civil napoléonien avait fait de l'épouse française la subordonnée de l'homme : elle n'avait pas le droit de vendre, de voyager, de travailler ou d'hériter sans l'autorisation de son mari. Sous la pression des féministes, la plupart de ces vieilles entraves ont disparu et les femmes ont acquis, en principe, une égalité avec les hommes, qui ont donc perdu leur supériorité ancestrale. Il est incontestable que cette égalité homme/femme dans tous les domaines, y compris dans celui de l'amour et de la sexualité, a apporté un changement notable dans leur relation, et a créé une crise de l'identité des hommes.

L'insécurité des hommes

Face à la montée en puissance des femmes dans la société, certains hommes résistent et les plus traditionnels refusent l'égalité. Beaucoup sont inquiets, ils ont conscience d'avoir perdu du pouvoir et, face à des femmes libérées qu'ils ne peuvent plus dominer, ils craignent de ne pas être à la hauteur.

Traditionnellement, les hommes cherchaient leur identité dans le domaine professionnel et dans la séduction virile, mais ils ont aujourd'hui perdu leurs certitudes. Partout ils sont dans l'insécurité : d'une part, ils ne sont jamais sûrs de garder leur emploi ; d'autre part, à la maison, ils contrôlent plus difficilement leurs enfants, qui suivent plus volontiers les valeurs inculquées par les médias que les conseils parentaux ; et enfin, dans leur couple, les femmes exigent un partage des tâches et, tout au moins le croient-ils, une satisfaction sexuelle assurée. L'émancipation des femmes les a placés face à leur vulnérabilité, et ils ont pris conscience de leur dépendance émotionnelle vis-à-vis d'elles.

Lorsqu'une femme paraît forte et n'a pas besoin d'être protégée, cela lève chez eux une angoisse : « À quoi je sers ? » Ils disent vouloir une femme indépendante, mais ils supportent mal cette autonomie. Si celle-ci semble pouvoir se passer d'eux, ils se sentent délaissés, et si elle se met tant soit peu en avant, ils considèrent qu'elle est narcissique. Face aux femmes hyperactives, beaucoup d'hommes restent passifs ; tout leur fait peur : l'engagement, le changement, la responsabilité des enfants. Et quand le couple ne marche pas, ils se sentent incompris et se posent en victimes. Le reproche fait par un homme à une femme qui l'a quitté est toujours le même : « Tu es castratrice, tu as accaparé les enfants, tu n'es pas assez disponible sexuellement ! »

Mais les femmes en ont assez des hommes qui sont sans arrêt dans la plainte. Voici ce que raconte Corinne, 41 ans :

> Sur ce site de rencontres, Philippe se présentait comme un chef d'entreprise très actif et passionné par son travail. Quand je l'ai rencontré dans un café, d'emblée, il a commencé à me raconter ses malheurs : « Sortez

> votre mouchoir ! » Je n'ai fait aucune tentative pour m'apitoyer ou obtenir plus de détails, mais il ne m'a rien épargné de ses ennuis de couple, de la pension alimentaire exorbitante que réclame son ex-femme, de l'ingratitude de ses enfants. Puis il m'a raconté son récent licenciement et l'obligation qu'il a eue de se mettre à son compte car, à 55 ans, dans son domaine professionnel, on ne trouve pas d'emploi salarié. Pendant une demi-heure, il n'a cessé de se plaindre des autres, me demandant de compatir. J'en ai marre du malheur des hommes. Celui-ci aurait pu avoir la pudeur de faire un effort minimum pour me séduire. Mais non, cet homme, comme d'autres auparavant, voulais qu'on s'occupe de lui, qu'on comble sa solitude. Ces hommes n'ont rien des chevaliers qui viennent conquérir une femme. À moins d'être assistante sociale, comment rêver d'un homme qui parle de ses difficultés de travail, de sa femme qui l'a plaquée et de ses obligations par rapport aux enfants ?

C'est souvent la vulnérabilité des hommes qui les amène désormais à préférer vivre en couple. Cela les sécurise, ils cherchent à la fois une femme qui « assure », autonome face aux dépenses et aux enfants, mais ils aimeraient bien qu'elle dépende d'eux affectivement, afin d'être sûrs de pouvoir la garder.

La crise des stéréotypes de la féminité et de la masculinité

Même s'ils hésitent à le formuler clairement, les hommes, quel que soit leur âge, cherchent de préférence une femme « féminine », ce qui dans leur esprit signifie souvent sexy, c'est-à-dire, « bonne » sexuellement. Voici ce que dit Marc, 42 ans, marié, deux enfants :

> J'ai toujours cherché chez les femmes les manifestations de l'ultra-féminité. Ce sont des jupes qui laissent se dévoiler la jambe, des bas (surtout pas des collants), des talons hauts, du rouge à lèvres, des boucles d'oreilles... Une femme féminine, c'est aussi une femme fragile qui reste en réserve. Si elle attire, c'est plus passivement qu'activement, et elle ne doit pas être très intello.
>
> J'ai conscience que, même si je me considère comme un homme moderne, il existe en moi deux images de la femme : celle avec qui on couche, qui est une femme de rencontre, et celle avec qui on peut partager sa vie. Ma femme est souvent en pantalon. Quand elle met des jupes et des bas, c'est uniquement pour me faire plaisir, et je trouve qu'elle ne le fait pas assez souvent.

Pour leur convenir, une femme doit également travailler. En théorie, la plupart d'entre eux souhaitent que leur femme ait un emploi mais, dans les faits, ils continuent à rechercher des femmes moins diplômées ou occupant des postes moins prestigieux. Les plus âgés attendent toujours que leur compagne tienne la maison et élève les enfants.

Ce schéma de couple traditionnel apparaît très clairement sur les sites de rencontres où certains hommes fraîchement veufs ou divorcés cherchent la femme qui remplacera l'épouse précédente, de façon à retrouver une situation sociale confortable, pouvoir sortir en couple, recevoir, revenir dans la norme. C'est l'expérience qu'a faite Élodie, 38 ans, employée de banque :

> J'ai rencontré sur un site de rencontres un homme qui venait de divorcer d'une femme au foyer. Très vite, nous avons entamé une relation très agréable sur le plan sexuel. Il voulait se remettre en couple et cherchait une femme autonome financièrement, parce qu'il avait été obligé de verser une forte prestation compensatoire à son ex-femme. Mais, étant habitué à ce qu'on s'occupe de lui, il n'était pas prêt à changer son rapport aux femmes dans l'intimité ; jamais il ne proposait d'aider aux tâches ménagères, et il ne proposait pas plus de régler la note quand nous allions au restaurant.
>
> Un soir, fatiguée et agacée, je lui ai demandé de m'aider un peu plus. Il m'a alors reproché de ne pas être assez féminine, de ne pas porter des nuisettes en soie, de ne pas me maquiller suffisamment et de ne pas décolorer le duvet qui, me disait-il, me faisait une moustache. J'ai compris que cet homme qui appréciait d'un côté que je m'occupe de l'intendance, que je partage à égalité les dépenses avec lui, voulait garder une position « virile ». J'ai préféré prendre la fuite, car il n'avait rien à me proposer à part le sexe. Si pour avoir un homme dans mon lit je dois avoir une vie pire, c'est-à-dire avec plus de contraintes matérielles et moins de liberté, je préfère me passer de sexe.

La société prépare toujours les garçons à occuper un rôle dominant, à ne pas douter de leur puissance, mais la réalité se charge vite de leur montrer que cette posture n'est plus tenable. Cependant, ils ont du mal à l'accepter, car on a censuré chez eux les expressions de faiblesse, et ils n'ont souvent pas d'autre recours que la colère ou la jalousie, les seules émotions qu'ils n'ont pas appris à contrôler.

Notre société survalorise l'efficacité et la réussite, et les femmes elles-mêmes continuent à attendre qu'un homme se montre agressif dans certaines circonstances. Partout, il faut être le meilleur, quels que soient les moyens pour y parvenir. Sous prétexte de compétitivité, dans certaines professions, on valorise le cynisme. Si la femme se doit d'être « féminine », l'homme, quant à lui, est contraint de se plier aux codes de la « virilité ». Mais ces stéréotypes d'hommes forts et puissants sont parfois lourds à porter, et certains hommes ne trouvent pas d'autres moyens pour masquer leurs faiblesses que d'écraser plus faible qu'eux, à savoir leur femme, comme le relève le psychanalyste Christophe Dejours : « La virilité se mesure précisément à l'aune de la violence que l'on est capable de commettre contre autrui, notamment contre ceux qui sont dominés, à commencer par les femmes[1]. »

Depuis quelques décennies, les schémas traditionnels s'étant modifiés, certains hommes se sentent en insécurité et craignent de perdre leur masculinité dans des relations plus égalitaires. Le changement n'a pas été encore bien intégré, et beaucoup supportent mal que leur compagne réussisse mieux socialement, soit mieux reconnue professionnellement ou gagne plus d'argent, comme en témoigne Annick, 52 ans, médecin :

> Je suis une femme autonome matériellement et cela m'a posé des problèmes avec les hommes. Avec mon mari, les choses se sont dégradées quand j'ai commencé à gagner plus d'argent que lui. Alors que nous faisions le même métier, j'ai progressé plus vite que lui et j'ai eu beaucoup de retours positifs. Quand on s'est séparés, pour mieux se rehausser, il s'est senti obligé de me rabaisser et même de m'humilier.
>
> Par la suite, cela se passait bien avec les hommes tant que je me montrais une petite femme fragile qu'ils

1. Christophe DEJOURS, *Souffrance en France*, Seuil, Paris, 1998.

> pouvaient protéger, mais dès que je montrais ma force ou simplement ma solidité, ils me le faisaient payer.

Alors que les stéréotypes culturels continuent à les décrire comme forts et solides, beaucoup d'hommes ne se sentent pas à la hauteur face à une société qui leur demande toujours plus. On parle du sexe « faible » à propos des femmes, mais ce sont eux qui résistent mal à la pression et surtout aux frustrations. Certains acceptent leur part féminine, mais d'autres dépriment et d'autres encore réagissent violemment. Les plus affectés par ces changements de société sont ceux qui ont une image grandiose d'eux-mêmes, c'est-à-dire les personnalités narcissiques. C'est ce qu'a vécu Julia, 44 ans, professeur d'université :

> Quand j'ai rencontré André, il ne savait pas quelle était ma situation professionnelle. Au départ, il s'est montré protecteur, « supérieur ». Assez vite, il m'a fait savoir que mon travail ne devait pas interférer avec notre relation. Il supportait mal que je rentre tard de mon travail ou que je ramène des dossiers le week-end. À chaque fois qu'il percevait des signes de ma réussite professionnelle, il se montrait violent. Comme je tenais à lui, j'ai fini par renoncer à une promotion pour avoir la paix, et je le regrette.

Le manque d'autonomie

On plaisante souvent sur le manque d'autonomie matérielle des hommes qui, quand ils sont fraîchement divorcés, ne savent pas mettre en route le lave-linge ou faire la cuisine. Mais leur manque d'autonomie est surtout affectif : tout en pensant que c'est la femme qui sollicite la sujétion, ils ont du mal à vivre seuls. Ces mêmes hommes fragiles dans l'intimité peuvent paraître sûrs d'eux en société, et c'est ce décalage que les femmes leur reprochent.

Beaucoup ne connaissent pas la bonne distance qui permet une relation saine et recherchent la fusion. Craignant d'être abandonnés, ils établissent une relation où les deux ne font qu'un, sans espace pour respirer, sans position de recul. Ils attendent que leur femme, comme ils l'attendaient de leur mère, leur donne de l'amour, de l'attention, du temps ; ils aimeraient qu'elle vienne combler leurs manques, qu'elle soit disponible pour eux, rien que pour eux. Parce qu'ils ne sont pas capables d'être seuls après une séparation, beaucoup font en sorte de retrouver rapidement une autre femme, et ils finissent souvent par en trouver une qui, piégée par un schéma culturel ancien, acceptera de combler leur demande.

Une étude de l'Institut canadien de la statistique, conduite sur la période 1994-2005, a montré que les hommes divorcés ou séparés de leur conjointe, quel que soit leur âge, sont six fois plus enclins à faire une dépression que ceux qui vivent toujours en couple ; alors que les femmes dans la même situation voient ce risque seulement multiplié par 3,5[1]. Cette étude confirme que les hommes sont plus affectés que les femmes par une séparation, car ils craignent plus l'abandon. Ayant eu du mal à se défaire de la domination maternelle, ils ont un profond sentiment d'insécurité et une difficulté à l'autonomie émotionnelle, et sont dans une grande demande de maternage de la part de leur compagne.

> Alain, 56 ans, s'est arrêté de vivre quand sa femme l'a quitté il y a quatre ans : « Elle a voulu divorcer, mais moi je me considère toujours marié à elle. » Sa femme

1. *Le Quotidien du médecin*, 25 mai 2007.

s'est remise en couple, pas lui. Il est toujours furieux contre elle, car il pense qu'elle ne s'était pas engagée complètement, alors que lui avait tout misé sur le couple. En partant, elle lui a dit qu'elle ne l'aimait plus, mais Alain pense qu'elle n'a pas fait d'efforts, que l'on peut se forcer à aimer.
Depuis, sans être franchement dépressif, il se laisse aller, il néglige son apparence, son appartement et se met en difficulté à son travail. Son malheur affiché lui confère du succès auprès des femmes qui sont touchées par sa tristesse mais, au bout d'un moment, elles s'impatientent et finissent par lui reprocher sa faiblesse.

Alors que les femmes sont de plus en plus nombreuses à lutter pour acquérir leur indépendance, beaucoup d'hommes continuent à rechercher la dépendance, ce qui est pour eux une façon de composer avec leur peur de l'intimité. Comme ils attendent d'une femme qu'elle vienne combler leurs manques, celle-ci doit être disponible pour s'occuper d'eux en permanence, qu'elle leur apporte ce dont ils ont conscience de manquer, qu'elle les stimule, qu'elle fasse d'eux un homme. Ils ressentent le besoin d'autonomie des femmes comme un rejet ou un abandon, alors qu'elles cherchent seulement un espace pour respirer.

D'une façon générale, les hommes vivent moins souvent seuls et, quand c'est le cas, il s'agit moins souvent d'un choix, car cela leur est imposé (contexte rural, échec social). Après une séparation, les hommes se remettent en général très rapidement en couple. Et parfois même, ils anticipent pour ne pas rester seuls, comme Jérôme, 32 ans, qui a rencontré Catherine alors qu'il était en crise avec sa femme :

C'est Catherine qui m'a permis de mettre un terme à la relation avec ma femme. Assez vite, elle a parlé de vivre avec moi, de faire un enfant, mais j'ai vu qu'en

> fait elle ne voulait rien changer. Elle habite en dehors de Paris et c'est moi qui dois me déplacer. J'ai l'impression de n'avoir aucune place dans sa vie. Je devrais sans doute la quitter, mais je n'ai pas envie de replonger dans la solitude que j'ai connue avant mon mariage.

Cependant, malgré leur besoin de fusion, ils craignent souvent d'être pris, comme ils l'étaient avec leurs parents, dans un lien qui les mettrait à la merci de l'emprise d'une femme qu'ils imaginent toute-puissante. Aussi, pour éluder le problème, ils se piègent en s'investissant de façon démesurée dans leur travail.

La difficulté d'être homme

À notre époque, être un homme ne va pas de soi : cela nécessite une construction identitaire qui n'est pas évidente, car les critères de la masculinité ont changé. Les plus jeunes ont du mal à trouver leur place entre la virilité triomphante et le métrosexuel. Souvent élevés par des femmes seules, il leur est difficile de s'identifier à un père qui a été absent. Plus généralement, ils sont l'objet d'une injonction paradoxale : on leur demande d'être à la fois virils et doux, solides et capables d'exprimer leurs émotions. Face à des femmes battantes sur le plan professionnel, comment jouer un rôle protecteur qui les placerait en position de supériorité ? Ne trouvant pas cette place, un grand nombre d'entre eux généralisent et se plaignent « des » femmes, tout comme les femmes se plaignent « des » hommes.

Beaucoup trouvent leur compagne trop dure. Alors, pour se rassurer, certains préfèrent choisir une femme nettement plus jeune ou d'une culture qui leur fera accepter un modèle de couple plus traditionnel. C'est plus flatteur pour eux, et cela leur permet de rester dominants, grâce à la différence d'âge ou de situation économique. Et s'ils cherchent une femme ayant une apparence plus jeune, c'est aussi pour se renforcer sur le plan narcissique, se préserver en quelque sorte de leur propre vieillissement.

> Éric, 43 ans, reconnaît qu'il est un Don Juan. Il lui faut en permanence vérifier qu'il plaît aux femmes, mais, ne voulant pas être confronté à un échec, il choisit des cibles faciles, de préférence celles qu'il est certain de ne pas revoir par la suite : « C'est comme si je me regardais faire, comme si je me fabriquais des souvenirs pour quand je ne pourrai plus ! J'ai besoin d'avoir des femmes en réserve pour ne pas en manquer. »

Selon les anthropologues, c'est parce que les femmes ont le privilège de la fécondité, et notamment de la conception des enfants mâles, que les hommes ont voulu de tout temps les dominer pour contrôler leur ventre et s'approprier les enfants[1]. Mais la contraception et l'IVG ont changé les repères, en donnant aux femmes la possibilité de choisir d'avoir ou non un enfant, tandis qu'eux n'ont toujours pas cette possibilité. La séparation du plaisir sexuel et de la procréation a amené une autonomie sexuelle des femmes, et beaucoup d'hommes ne sont plus sûrs de leur virilité. Ils jugent les femmes sexuellement trop exigeantes ou agressives, ils supportent mal de ne plus avoir le monopole de l'initiative :

> Michel, 56 ans, biologiste, s'est inscrit sur un site pour rencontrer une « amie », précisant bien qu'il n'a aucunement l'intention de cohabiter. Mais alors qu'il

---

1. Françoise HÉRITIER, « Privilège de la féminité et domination masculine », *Esprit*, 2001, nº 3-4.

> estime normal d'avoir des aventures sans lendemain, il se montre choqué que des femmes l'invitent à leur domicile dès le second rendez-vous : « Vous vous rendez compte, des femmes cultivées, bac plus cinq, qui ne pensent qu'au sexe ! »

Face à ce qu'ils imaginent être une exigence des femmes, qui savent beaucoup mieux ce qu'elles désirent, ils ont peur de ne pas être à la hauteur, et ils consultent beaucoup plus souvent pour impuissance. Certains évitent le problème et recherchent des partenaires plus jeunes, car, dans ce cas, ils peuvent compenser leur perte de puissance physique par leur puissance sociale et économique, et ils peuvent se sentir utiles et importants.

À la cinquantaine, certains hommes prennent conscience qu'il leur reste peu de temps pour réaliser leurs rêves. Comme leur vie professionnelle est stabilisée, voire bloquée, si quelque chose d'excitant peut leur arriver, ce ne peut être que sur le plan amoureux. La lassitude s'étant installée dans leur couple, ils ont envie de démarrer une nouvelle vie, de vivre des choses différentes sur le plan sexuel. Ils ont parfois la tentation de redémarrer à zéro, de trouver une nouvelle femme, de fonder une nouvelle famille. Et ils partent avec leur maîtresse, qui devient leur femme. Mais au bout de quelques années, voire de quelques mois, l'insatisfaction réapparaît et ils peuvent avoir la tentation de changer à nouveau.

> Bernard, 60 ans, a beaucoup baroudé et s'est rarement stabilisé avec une femme. Maintenant, il vit seul, mais il a la nostalgie d'une vie familiale avec des enfants. Il se verrait bien chef de famille avec enfants et petits-enfants, et il cherche une femme ayant des enfants déjà élevés : « Plus jeune, j'étais trop égoïste pour en élever. J'avais trop de choses à faire, trop de projets ! » À défaut, même s'il se considère trop vieux pour une

paternité, il aimerait trouver une femme plus jeune qui veuille bien lui faire un enfant, mais il n'a pas envie de s'en occuper...

Femme sous contrôle, passage à la violence

Alors qu'officiellement on va vers une plus grande égalité homme/femme, dans l'intimité du couple on constate de plus en plus de contrôle, de jalousie et de violence psychologique. Jusqu'à présent la femme était retenue au sein du couple par son manque d'autonomie matérielle et affective, mais elle semble vouloir s'échapper, et certains hommes le supportent mal : « Si elle veut de l'amour, il faut qu'elle se donne les moyens de l'amour ! » Ils pensent que l'amour qu'ils leur portent devrait suffire à les combler.

Puisque la femme est devenue moins dépendante, l'homme peut être tenté de renforcer la surveillance : on voit apparaître ainsi dans le couple de nouvelles formes de domination, plus subtiles et discrètes, centrées sur des expressions psychologiques. L'homme peut tenter d'obtenir par la pression, la culpabilisation ou la manipulation ce qu'il n'obtient pas spontanément de sa partenaire. Grâce aux nouvelles technologies, le contrôle est aujourd'hui plus facile, l'intrusion dans l'intimité de l'autre peut être encore plus précise : on peut fouiller ses e-mails et ses SMS, et il est de plus en plus difficile de garder un jardin secret. Le téléphone portable constitue un piège car, s'il permet de rester connecté en permanence avec celui que l'on aime, il permet aussi de surveiller celle dont on redoute l'infidélité.

Beaucoup d'hommes confondent amour et possession. Or l'amour n'est pas possession, mais échange et partage. Quand un homme dit à une femme : « Je te veux toute à moi ! », cela peut signifier le désir, mais ce peut être aussi : « Tu m'appartiens et tu n'existes pas sans moi. » Et, dans ce cas, si elle s'éloigne, elle risque de le payer par un dérapage de violence. Dans ces relations fusionnelles, sans aucune limite, tout changement de l'un met en péril le couple. Quand un couple repose sur un mode de maternage de l'homme par la femme, la venue d'un enfant peut par exemple le déstabiliser. Plus tard, si la femme semble être trop fusionnelle avec son enfant, l'homme peut se sentir frustré et essayer de reprendre le pouvoir par tous les moyens.

Pour les hommes, tout est un problème de distance : trop de proximité les inquiète, car ils le ressentent comme un risque d'engloutissement, mais une trop grande distance réactive leur peur de l'abandon. Le contrôle qu'ils exercent sur leur femme leur permet de préciser à chaque instant la distance à laquelle elle doit se tenir.

La prise d'autonomie des femmes est vécue par certains hommes comme une perte de pouvoir, mais aussi comme une perte de valeur personnelle et donc d'estime de soi. Les plus fragiles sur le plan narcissique tentent parfois de masquer leur sentiment d'impuissance intérieure par le contrôle et la domination. Ils attendent de leur femme, comme un enfant peut l'attendre d'une mère, qu'elles allègent le poids de leurs tensions, qu'elles soulagent leurs angoisses. Et si elles n'y parviennent pas, elles apparaissent comme des ennemies et sont tenues pour responsables de tout ce qui ne va pas.

Cette tension interne, qu'ils ne contiennent que par un contrôle permanent sur leur partenaire, est liée à leur peur infantile d'être abandonnés, et toute situation évoquant une séparation risque d'entraîner chez eux une crise de colère jalouse. Le passage à la violence est pour ces hommes une solution pour échapper à l'angoisse, mais aussi à la peur : peur des affects de l'autre, peur de leurs propres affects, peur d'affronter l'autre. Ils craignent d'être envahis par une angoisse d'anéantissement, et l'action violente agit chez eux comme une protection de leur intégrité psychique. Le contrôle de l'autre par des démonstrations extrêmes de masculinité vient suppléer leur manque de contrôle interne.

Une expérience conduite en 2004 par un sociologue américain de l'université Cornell, Robb Willer, semble bien le confirmer[1]. Il a présenté à une centaine d'étudiants et étudiantes un questionnaire prétendument destiné à évaluer leur identité sexuelle. Indépendamment des réponses fournies, il a ensuite annoncé à la moitié d'entre eux qu'ils présentaient des traits nettement féminins et à l'autre moitié qu'ils semblaient terriblement masculins. Après quoi, il les a interrogés sur leurs opinions politiques, le mariage homosexuel, la justification de la guerre en Irak, leurs goûts en matière de voitures, etc. Alors que les réponses des jeunes filles ne dépendaient pas de leur fausse assignation, celles des garçons étaient fortement affectées par le retour des « informations » sur leur identité sexuelle. Les garçons à qui l'on avait dit qu'ils étaient efféminés étaient plus que les autres enclins à soutenir la guerre en Irak, à condamner le mariage homosexuel ou à souhaiter acheter un 4 × 4 hors de prix…

Cette hypothèse d'une « surcompensation des hommes quand leur masculinité est mise en cause » paraît bien expliquer le fait qu'à notre époque, malgré les avancées de l'égalité entre les sexes, les violences dans le couple, loin d'avoir diminué, sont en progression : ayant du mal à s'adapter au changement de leur rôle social, certains hommes réagissent par des comportements d'hypervirilité.

---

1. Daniel ALOI, « Men overcompensate when their masculinity is threatened, Cornell study shows », 2 août 2005. www.news.cornell.edu/stories/Aug05/soc.gender.dea.html

La difficulté d'être père aujourd'hui

Mais la plus grande difficulté des hommes concerne actuellement le rapport à leurs enfants. Quand survient la mésentente dans le couple, ils se débarrasseraient volontiers de leur femme, mais ils savent que cela risquerait de les éloigner de leurs enfants. C'est une blessure d'autant plus grande pour eux que la garde des enfants reste encore dans la majorité des cas confiée à la mère. Ils ont le sentiment d'être des compagnons éphémères qui, pour devenir pères, doivent avant tout être acceptés comme tels par leur compagne ; ou bien, ils ont l'idée parfois quasi délirante que les mères veulent se débarrasser du géniteur et garder l'enfant pour elles.

Après une séparation, certains pères ne voient presque plus leurs enfants, quelques-uns ne paient plus la pension alimentaire ou s'arrangent pour la restreindre au minimum. D'autres retrouvent leurs enfants plus ou moins régulièrement, mais sans s'impliquer dans leur éducation et sans jouer un rôle d'autorité, laissé à la mère. Dans ce cas, l'enfant élevé par la mère n'est alors pour eux qu'un prolongement narcissique de plus, et alors qu'ils sont pour peu de chose dans la réussite de leurs enfants, ils peuvent se vanter en société : « Mes enfants sont beaux et brillants. »

D'autres pères veulent s'occuper de leurs enfants à égalité avec leur mère, et parfois ils en font trop. Les médias évoquent souvent la prétendue « absence des pères », mais cela renvoie davantage à un glissement du rôle du père vers l'idéal de la mère, parfois jusqu'à la confusion des places, car certains cherchent à être des doublons de la mère, des mères *bis*. Ces hommes qui, quand ils étaient en couple, avaient souvent laissé leur femme s'occuper de l'organisation de la maison et de l'éducation des enfants dirigent alors vers leurs enfants toute l'énergie qu'ils avaient misée sur leur couple. Ils déplacent la rivalité avec leur ex-épouse sur le plan de la paternité et tiennent à s'occuper de leurs enfants avec passion et exclusivité. Anticipant le fait que la justice privilégie souvent la mère en ce qui concerne la garde des enfants, ils sont prêts à tout pour disqualifier leur ex-femme.

Prenant conscience que leur vie professionnelle ne remplit pas tout, qu'ils manquent d'un projet à côté, certains d'entre eux se focalisent sur leurs enfants, ce qui peut être une façon de se protéger d'une nouvelle relation intime.

> Au moment de son divorce, Richard, 51 ans, a demandé une garde alternée pour ses deux enfants, 12 ans et 14 ans, et sa femme s'est très vite déchargée de toutes ses contraintes de mère : emmener les enfants chez l'orthophoniste, acheter les vêtements et les fournitures pour l'école, surveiller les devoirs, organiser les loisirs, etc. Tracassé et culpabilisé par les difficultés scolaires de ses enfants, Richard veut les protéger, qu'ils ne manquent de rien et il tente de les aider en surveillant les devoirs, en organisant un soutien pédagogique.
>
> Depuis cinq ans, il a une amie, mère d'une fille de 13 ans, mais il la voit peu : avec ses obligations de père, il lui reste peu de temps pour sa vie privée. Il se bat seul face à des contingences matérielles. Son amie aimerait bien qu'il dégage plus de temps pour elle, mais il doit en permanence jongler entre son travail et les enfants : « Je passe mon peu de temps libre avec elle, mais, de temps en temps, j'aimerais passer une soirée seul. Je ne sais pas si je veux vivre avec elle ou si je veux garder ma liberté pour m'occuper de mes enfants. Vivre avec elle, cela voudrait dire louer un très grand appartement, donc plus cher, et je ne me sens pas prêt à ça. Je n'ai rien à lui reprocher, mais j'ai peur

> de m'engager. Peut-être est-ce parce que mes sentiments ne sont pas assez forts ? »
> Il y a aussi le problème des enfants : « Comment mettre ensemble des enfants qui ont été élevés différemment et qui ne s'entendent pas très bien ? C'est possible, mais c'est compliqué et je ne m'en sens pas la force. »

Si beaucoup d'hommes réclament la garde des enfants, c'est parfois dans un désir sincère de s'occuper d'eux, mais c'est souvent aussi pour se déculpabiliser. Lors des divorces, dans l'idée de réhabiliter les pères, les juges accordent de plus en plus souvent la garde alternée, comme si un père n'ayant pas la garde de ses enfants ne pouvait pas malgré tout occuper une place symbolique forte. Ceux qui l'obtiennent découvrent la difficulté qu'il y a à s'occuper au quotidien d'un enfant. Pour les femmes aussi, la garde des enfants est difficile à assumer, mais cela correspond culturellement au rôle ancestral qui leur était attribué.

La multiplication des familles recomposées a toutefois changé les repères : on assiste à une indifférenciation des rôles dans les couples et les différences s'estompent entre les générations ; et il n'est plus rare de voir des familles où le père est remarié avec une femme plus jeune que ses enfants, lesquels procréent en même temps que leurs parents.

Il arrive aussi que les hommes soient directement victimes de la perversité des femmes. Par exemple, avec la maîtrise de la fécondité, les litiges concernant la procréation ont changé de cible. Une femme qui ne veut pas d'enfant a, en principe, les moyens de se protéger ou même d'avorter, mais les hommes n'ont pas ce contrôle et se font parfois piéger : une femme peut leur faire un « enfant dans le dos » et leur réclamer ensuite une pension alimentaire pour un enfant dont parfois ils ignoraient l'existence. Quant à ceux qui doutent de leur paternité, ils ne disposent pas officiellement de moyens légaux pour déterminer l'origine de leur enfant dès lors que la mère s'y oppose. On comprend la méfiance de plus en plus grande entre les sexes…

Profonde transformation des rapports homme/femme, crise de l'identité des hommes : les temps ont assurément changé. Pour autant, on aurait tort de s'en tenir aux crispations négatives et régressives que provoque cette mutation chez nombre d'hommes. Car, dans le même temps, surtout dans les jeunes générations, beaucoup d'autres ont également changé : ils sont plus attentifs, plus doués de parole que leurs pères. Ils ont su s'emparer de qualités dites féminines, comme le dialogue, l'écoute, la tendresse, l'intuition, la sensibilité. S'ils ont beaucoup perdu avec l'indépendance des femmes, ils ont aussi gagné une relation plus égale et plus stimulante, voire une plus grande aisance matérielle avec deux salaires. Les plus jeunes jouent à fond le modèle de l'égalité entre les sexes, partageant les tâches ménagères et les soins des enfants, et ils s'adaptent à des compagnes devenues plus exigeantes. Certains se féminisent, peuvent même devenir « métrosexuels » ; mais dans ce cas, les femmes – qui décidément ne sont jamais contentes – peuvent leur reprocher de ne pas être suffisamment virils.

Reste, dans ce maelstrom qui bouleverse les identités sexuelles et les rôles parentaux, une certitude : le couple hétérosexuel, fondement de la « famille nucléaire », traverse lui aussi une crise profonde. Et cette crise dessine de nouvelles configurations entre les vieilles catégories de l'amour et de la solitude…

4
LES CHANGEMENTS DU COUPLE

« L'amour la solitude. »

Paul ÉLUARD.

« En quelques années, le modèle de couple traditionnel a éclaté, le nombre de divorces a explosé et les liens amoureux sont devenus plus complexes et surtout beaucoup plus fragiles. Dans les sociétés civiles occidentales, depuis le Moyen Âge, la norme était la famille nucléaire, unie par le lien conjugal et consacrée par un mariage indissoluble reconnu par l'Église ou par l'État. Cette spécificité s'est affirmée progressivement dans les milieux bourgeois, surtout à partir du XVIIe siècle, pour faciliter les transmissions de patrimoine. À cette époque, le couple était un arrangement et on se mariait par raison. L'homme apportait au « ménage » la sécurité matérielle, et la femme faisait partager à l'homme son intérêt pour la culture et les échanges sociaux. Dans ces couples, il arrivait qu'on s'aime, mais ce n'était pas souhaitable. Dans les couches populaires, en revanche, une grande liberté sexuelle a persisté jusqu'au XIXe siècle.

L'obligation d'amour, chemin vers la solitude ?

Au XVIIIe siècle, on a vu émerger l'amour romantique, qui se présentait comme un amour « féminisé ». Dès lors, on se marie plus souvent parce qu'on s'aime ; on met en avant l'amour, et si possible le « grand amour ». À partir des années 1950, le modèle bourgeois de mariage est passé progressivement d'un contrat alliant deux familles afin d'assurer la descendance et la répartition du patrimoine, sans obligation de lien amoureux, à une obligation d'intimité et d'amour, si possible d'amour passion et de sexualité épanouie.

Mais, depuis les années 1990, les choses ont encore changé : puisqu'on s'aime, pourquoi se marier ? Ce n'est plus le mariage qui est l'institution, mais l'amour ; les sentiments sont désormais au centre de la relation. L'amour est devenu la condition indispensable à la vie commune, ou plutôt le justificatif pour une demande de vie commune. Il n'est pas étonnant, dans ces conditions, qu'il soit devenu beaucoup plus difficile qu'autrefois de réussir une vie de couple : l'exigence d'amour fragilise le couple, car si la relation n'est bâtie que sur des sentiments, il est difficile qu'elle tienne dans la durée. Il faudrait qu'elle soit toujours belle et magique, ce qui est rare. Du coup, si ça se dégrade, c'est souvent la rupture.

Si nombre de nos contemporains cherchent un assouvissement de leurs besoins affectifs dans un amour idéalisé, c'est qu'ils vivent fréquemment par ailleurs un désenchantement profond vis-à-vis des relations avec les autres, et que le couple leur apparaît comme un refuge contre les aléas de la vie. Alors que l'on parle de plus en plus du déclin de la famille et du mariage, femmes et hommes continuent donc à chercher le grand amour. D'un côté ils se déchirent et, de l'autre, ils placent tous leurs espoirs dans un amour salvateur. Mais, à travers l'amour, il s'agit souvent pour eux d'une quête de soi-même, d'une amélioration possible de soi : chacun cherche à se compléter à travers le couple.

Ce surinvestissement de l'amour est largement une réaction face à un monde individualiste auquel on peine à adhérer pleinement. On peut y voir d'une certaine façon une quête d'authenticité et de vérité face au mensonge et au cynisme : c'est un moyen de remettre du lien dans une société qui déçoit. Les changements du monde du travail ont en effet souvent détruit la dimension de communauté dont on pouvait faire l'expérience dans sa vie professionnelle : quand on n'est qu'un pion au travail, un être anonyme dans une société qui s'est durcie, quand on a le sentiment de n'être considéré nulle part et qu'on ne parvient pas à inventer de nouvelles formes de socialité en dehors du rapport de couple, on espère être unique pour au moins une personne.

Alors qu'autrefois on se mettait en couple dans le but de fonder une famille et de transmettre des valeurs à la génération suivante, beaucoup attendent donc aujourd'hui que la vie en couple répare leur malaise intérieur, comble leur vide. Or c'est justement cet individualisme qui vient mettre les couples en échec. Car cet amour placé au centre de la relation n'est trop souvent qu'un amour narcissique : j'aime cette personne parce que j'aime l'image de moi qu'il (elle) me renvoie. Ce qui implique que si l'autre traverse une mauvaise passe (dépression, chômage…), il ne va plus me renvoyer une image gratifiante de moi-même ; et je vais alors chercher quelqu'un d'autre qui saura me renvoyer une image plus valorisante et me permettra de rester sur mon piédestal.

De fait, il est parfois difficile de distinguer l'adoration de l'être aimé de l'adoration de soi. Si l'autre est un prolongement narcissique, il doit flatter l'ego du partenaire. Quand un individu est incertain, il attend qu'un amour lui donne une meilleure estime de lui-même, mais les couples sont également incertains et on peut se sentir aussi peu en sécurité au sein d'une relation qu'à l'extérieur. Alors, après un certain nombre d'expériences douloureuses, on est tenté de se protéger.

L'investissement dans le couple équivaut désormais souvent pour chaque partenaire à la recherche d'un épanouissement personnel à travers l'autre, plutôt qu'à la construction d'une relation. Et beaucoup se comportent comme s'il ne s'agissait que d'une relation amoureuse passagère : ils en attendent une satisfaction immédiate et permanente, sans chercher à résoudre autrement que par la force ou la manipulation les différends ou les conflits. Il s'agit de s'approprier le positif de l'autre, ses valeurs, ses connaissances. D'où les plaintes lors des séparations : « Tu t'es servi(e) de moi, tu m'as utilisé(e) ! »

L'amour devant être absolu, il implique une exigence de transparence, moteur de la jalousie. C'est pourquoi il peut se muer en haine si l'autre vient à décevoir. Mais quand les relations passionnelles se répètent et qu'elles durent de moins en moins longtemps, elles finissent par perdre leur pouvoir réparateur des identités blessées. La quête d'amour devient alors une épreuve de plus qui mène vers la solitude.

Il semblerait que le mot *amour* ait perdu de sa force. Les relations se mettent en place très rapidement et on dit aimer de plus en plus vite : une sorte d'hypertrophie des affects. Contrairement à l'époque où on laissait progressivement les sentiments s'installer pour avouer un jour timidement : « Je t'aime », les mots précèdent désormais les sentiments, comme si, selon la méthode Coué, la force des mots pouvait créer l'amour. Il y a une exigence de réflexivité de l'amour, de coïncidence des sentiments.

> Quelques semaines après le début d'une relation avec un homme connu sur un site de rencontres, Chloé, 40 ans, s'entendit reprocher de ne pas dire de mots d'amour : « Comment veux-tu que je m'investisse si tu ne me dis pas que tu m'aimes ?
> – Mais on se connaît à peine !
> – Ta réticence à dire que tu m'aimes montre que tu n'es pas prête à t'engager ! »

Si le désengagement peut être aussi rapide, c'est qu'un tel amour n'est possible que dans la réciprocité. Pour donner mon amour, je dois être sûr de l'amour de l'autre, et pour cela il doit m'en donner les preuves. On s'observe, on se jauge : lequel des deux va dégainer le premier ? À notre époque, « je t'aime » signifie « je t'aime dans l'instant ». L'affirmation n'est plus synonyme de relation forte et d'engagement : « Comme je suis bien avec toi, ce doit être de l'amour, mais si tu viens à me décevoir, à ne plus être conforme à ce que j'attends, alors mes sentiments s'évanouiront. » Nous voulons qu'un couple nous donne satisfaction, en quelque sorte ne pas « investir à perte ». La moindre imperfection est irrémédiable et risque d'être fatale à la relation.

Méfiance de l'autre et persistance des stéréotypes

Les jeunes adultes des années 2000 s'engagent dans des relations dans le but d'échapper à la solitude, mais ils sont souvent déçus et finissent par se trouver aussi seuls et abandonnés dans une relation incertaine. Car les relations entre les sexes se sont durcies, et chacun s'estime lésé par ce changement. Le besoin de chaleur, de tendresse et d'intimité s'accompagne de la méfiance.

Cette génération a vu les parents divorcer, se trahir, se blesser... Et elle a connu des expériences amoureuses douloureuses qui ont montré que la confiance pouvait être trahie. Plus rien n'est certain : comme on peut perdre son travail du jour au lendemain, les unions peuvent se dissoudre. Partout on retrouve le même besoin de reconnaissance. Jeunes et moins jeunes se plaignent de retrouver dans leur couple les mêmes difficultés que dans le monde du travail : « Je ne suis pas entendu(e), je ne suis pas reconnu(e) pour ce que je fais. »

Or l'amour réciproque et durable suppose partage et reconnaissance de l'interdépendance : pour garder l'autre, il faut faire des concessions, des compromis, voire des compromissions, sans nécessairement attendre d'être payé en retour. Freud allait jusqu'à dire qu'un degré d'assujettissement était nécessaire pour qu'une liaison dure. Mais cet arrangement se fait aux dépens du partenaire le plus dépendant, le plus souvent la femme. Et, on l'a vu, elles n'ont plus envie de se soumettre.

Quand un lien amoureux se crée, cela donne à l'un un pouvoir sur l'autre, ce qui est de plus en plus souvent vécu comme une menace, car chacun craint d'autant plus la dépendance qu'il se sent vulnérable. Effectivement, quand on est amoureux, on se met en danger et on peut craindre que la part de souffrance soit plus grande que celle du plaisir. Aussi, devant le risque émotionnel qu'implique une relation intime, on peut avoir la tentation de manipuler les émotions de l'autre tout en se protégeant de toute souffrance affective. La vraie question pour les jeunes adultes en quête d'amour est : comment créer un lien qui ne soit pas vécu comme une menace ?

Pourtant, malgré l'émancipation des femmes, bien des jeunes filles rêvent toujours de rencontrer le grand amour et de vivre toute la vie avec le même homme. Elles continuent à chercher un homme protecteur et sécurisant ; et pour plaire à un tel homme, il faudrait être douce, féminine, sexy, mais pas trop autonome. Comme le dit l'écrivaine Virginie Despentes : « C'est l'idée que notre indépendance est néfaste qui est incrustée en nous jusqu'à l'os[1]. » Des modes d'éducation aux médias et à la publicité, bien des facteurs contribuent encore à ce conditionnement. La presse féminine, en particulier celle à destination des très jeunes filles, continue ainsi souvent à valoriser la place de l'amour censé combler l'existence des femmes.

Le schéma traditionnel se perpétue : les femmes continuent à rechercher des hommes « solides » et les hommes choisissent plus facilement une femme « féminine », fragile et de statut social et professionnel inférieur. Derrière le terme un peu vague de féminité se cachent souvent des stéréotypes que les hommes n'osent pas avouer directement. Ce serait une femme aux formes moelleuses, sachant les mettre en valeur par des vêtements discrètement moulants et portant des chaussures à talons hauts. Mais ce serait aussi une femme fragile, sachant valoriser son compagnon. Face à une telle femme, ils peuvent maintenir leur position de mâle dominant, comme en témoigne Lucie, 42 ans :

> Étant donné mon petit gabarit – je suis petite et mince –, les hommes qui viennent vers moi jouent au départ les machos protecteurs. Mais voilà, je suis une femme indépendante, chef d'entreprise, autonome financièrement, alors assez vite ils déchantent et deviennent agressifs. L'an dernier, j'ai été victime d'un très grave accident de la route, qui m'a privée de mon autonomie pendant plusieurs mois. Pendant cette période, les hommes sont venus vers moi, attentifs, charmants, protecteurs…

1. Virginie DESPENTES, *King Kong théorie*, Grasset, Paris, 2006.

Autrefois, l'institution du mariage donnait une garantie de la pérennité du lien, mais maintenant aucune union n'est garantie à vie. En France, la durée moyenne des couples est de dix ans, et les divorces surviennent de plus en plus tôt. C'est à la troisième année de mariage que les risques de divorce sont les plus grands. Mais si les jeunes femmes continuent souvent à croire au mythe du grand amour qui dure toujours, les plus âgées ont perdu leurs illusions. Elles rêvent plutôt à un compagnonnage, à une relation égale qui exclut les grands émois amoureux, mais qui leur apporte une sécurité affective.

Dans les pays développés, les années 1990 et 2000 marquent donc un tournant historique du modèle traditionnel de la relation de couple. L'espérance de vie est de 77 ans pour les hommes et de 84 ans pour les femmes, ce qui permet en principe quelque cinquante ans de vie commune. Il est toutefois illusoire de croire que nous pourrions vivre dans le même couple pendant un demi-siècle. Nos sociétés changent, nous changeons aussi avec l'âge ; et il est improbable que nous puissions vivre ces changements avec la même personne, d'autant que nous sommes de plus en plus exigeants. Car nos contemporains veulent tout, le bonheur sous toutes ses formes : une vie sexuelle épanouie, une vie personnelle intense, une vie sociale excitante et une vie professionnelle satisfaisante.

Un couple n'est pas une construction figée, il évolue avec le temps, et bien peu seront capables de suivre cette évolution en restant ensemble. Certains feront tout pour faire durer leur couple et sont prêts à des aménagements, à inventer d'autres façons d'être ensemble. D'autres choisiront de ne pas sauver une relation à tout prix quand « ça ne fonctionne plus ». Ils passeront à quelqu'un d'autre. Dès lors se dessinent différents modèles de couples.

Le couple fusionnel

Le premier modèle est celui de couple fusionnel, où les conjoints font tout ensemble et cherchent à dissoudre l'altérité. C'est un mode de relation aliénant, mais sécurisant. Ce modèle traditionnel convenait en général aux générations précédentes : afin d'éviter la solitude, chacun s'accroche à l'autre et est prêt à toutes les concessions. En principe, l'amour nécessite une distance. Mais, de crainte d'être quitté, on peut accepter d'être possédé, contrôlé, ou on peut se mettre soi-même à contrôler et à posséder.

> Lionel et Annie sont mariés depuis vingt-quatre ans. Dès les premiers temps de leur mariage, Lionel s'est montré possessif, au point qu'Annie avait envisagé le divorce dès la première année. À la maison, il a toujours pris toutes les décisions importantes, géré l'argent du ménage sans demander l'avis de sa femme. Annie se sent infantilisée car son mari trouve toujours un bon prétexte pour l'accompagner partout. Par exemple, s'il ne la laisse pas conduire sur autoroute, c'est qu'il craint qu'elle ait un accident.
>
> En principe, c'est lui qui décide des vacances ; il y a juste sur le ski qu'Annie n'a pas voulu céder. Elle aime ça, mais pas lui. Alors elle a fini par obtenir d'y aller, mais il l'accompagne quand même ; pendant qu'elle descend les pistes, il reste à l'hôtel à l'attendre et le soir à 17 heures, il l'attend au bas des pistes.
>
> Quand survient une tension entre eux, Lionel clôt le problème par un rapport sexuel. Si elle refuse, il lui met la pression, allant jusqu'à l'empêcher de dormir jusqu'à ce qu'elle cède. Tout ce contrôle pèse à Annie, mais elle ne sait pas comment s'en dégager, car à chaque fois qu'elle tente de prendre de l'autonomie, Lionel l'envahit avec une tendresse affichée et des déclarations d'amour.

Le danger de ce mode de relation est que l'un se sente englouti, absorbé par l'autre et qu'il ait l'impression de perdre son autonomie et sa personnalité. Dans la relation entre deux individus, il y a toujours un plus fort et un plus faible, un qui cherche à dominer et un qui tend à se soumettre. Si cet amour fusionnel ne convient pas à l'un des deux, celui-ci se débattra pour retrouver son individualité. Mais l'amour fusionnel, par ses rites et ses contraintes, risque surtout d'étouffer l'épanouissement de la femme.

L'illusion d'être tout pour l'autre, d'être comblé par lui, ne permet pas de préserver un espace pour se retrouver face à soi-même. Dans la fusion, aucun lien n'est possible, parce qu'aucune bonne solitude n'est permise. Si cette relation est insatisfaisante, on se retrouve alors dans l'esseulement. Dans ce type de relation, on peut se sentir isolé et, de façon paradoxale, c'est parfois la séparation qui vient mettre fin à la solitude imposée par le couple :

> Françoise, 60 ans, a vécu pendant vingt ans en couple non cohabitant, mais néanmoins fusionnel. Son compagnon, plus âgé de quinze ans, l'isolait, l'empêchait de voir ses amis et sa famille. Alors qu'elle prend sa retraite et devient plus disponible, il lui annonce qu'il met fin à leur relation et s'installe avec une femme plus jeune qu'elle. « Il m'a séparée de beaucoup de monde, car il n'avait jamais envie de voir des gens et il se plaignait quand je restais trop longtemps au téléphone. J'ai accepté parce que je tenais à lui, et que je ne voulais pas être seule. Pourtant, j'avais conscience qu'il n'était pas fiable, parce qu'il ne me soutenait en rien et ne se cachait pas pour me tromper. Avant de le connaître, je faisais de la voile et de l'équitation ; j'ai cessé d'en faire pour ne pas le laisser seul. Il y avait des tas de gens qui m'aimaient bien et que j'ai perdus de vue. Je me suis privée de rencontres pendant vingt ans.

> Je peux maintenant recevoir qui je veux, partir quand je veux, mais je n'ai plus d'amis très proches. Il faut que je me remette dans un nouveau cercle relationnel, que je reconstruise une nouvelle vie. Il faudra que je me fasse à une autre solitude. »

Quand on sort d'une relation fusionnelle, il est en effet très difficile ensuite d'affronter seul l'avenir, et il peut être tentant de rechercher immédiatement une nouvelle relation symbiotique.

La plupart des hommes jeunes d'aujourd'hui ont compris que les femmes aspirent à une plus grande autonomie et ils acceptent un autre modèle de couple. Mais, dans la génération du *baby-boom* et la suivante (ceux qui sont nés dans les années 1945-1965), beaucoup d'hommes, sans toujours le reconnaître, préfèrent le modèle d'amour fusionnel où les deux partenaires font tout de concert, passant le maximum de temps ensemble. S'ils s'accommodent mieux de l'amour fusion que les femmes, c'est sans doute qu'ils en tirent bénéfice grâce à une plus grande disponibilité de celles-ci. Ils supportent mal qu'une femme ait besoin d'un espace de solitude en dehors d'eux, et surtout qu'elle ne leur dise pas ce qu'elle fait. Ils ont l'impression que la femme n'investit pas suffisamment. D'une façon générale, les hommes de ces générations recherchent plus le couple pour se faciliter la vie (difficulté à se retrouver seul le soir, à gérer la maison). C'est le constat de Laura, 46 ans :

> Tous les hommes que j'ai rencontrés sur un site de rencontres, après un moment, voulaient s'installer chez moi. Je suis facile à vivre, je gère bien ma maison, je fais bien la cuisine. C'était pratique pour eux et surtout confortable.

Dans un couple traditionnel, il est souvent difficilement concevable pour l'homme que la femme ait des activités autonomes ; ou plutôt, elle peut en avoir, mais cela ne doit pas empiéter sur la vie de couple. De fait, l'indépendance des femmes les rend moins disponibles pour les hommes. Traditionnellement, l'homme était très occupé à l'extérieur et la femme l'attendait à la maison pour le réconforter après sa journée de travail. Maintenant que les femmes travaillent autant que les hommes, il est rare que la réciproque soit vraie. Bien au contraire, certains hommes se plaignent que leur femme travaille trop.

> Sonia, médecin de 43 ans, divorcée récemment de Paul, cadre bancaire, nous explique : « Mon mari a toujours mal supporté les contraintes d'horaires liées à mon travail. Dès que je rentrais plus tard que lui le soir, il s'énervait et me disait : "Je ne t'ai jamais demandé de travailler autant !" Autant dire que le repas n'était jamais prêt… »

Les couples à autonomie limitée

Les couples plus jeunes sont incontestablement plus centrés sur l'autonomie. Il s'agit, dans ce type de relation, de ne pas se laisser envahir par les règles, de ne pas se laisser enfermer : on veut de l'amour, mais sans les contraintes du couple. Les conjoints conservent des comptes bancaires séparés, des réseaux d'amis distincts et prennent parfois des vacances séparément.

Ce modèle de couple, que le sociologue Serge Chaumier a appelé « couple à autonomie limitée[1] », est prôné par beau-

1. Serge CHAUMIER, *La Déliaison amoureuse*, *op. cit.*

coup de femmes, quel que soit leur âge, qui réclament liberté et indépendance et souhaitent avoir un espace et du temps pour elles. Comme ce sont elles qui pâtissent davantage du couple, elles ne veulent plus être cantonnées au second plan. Quand elles gagnent autant ou plus que leur compagnon, elles n'ont plus envie de tout prendre en charge.

> Depuis son divorce, Jocelyne, 46 ans, est sollicitée par deux hommes. Le premier, Daniel, est un intellectuel fauché, très occupé par son travail de prof et sa vie associative. Avec lui, elle parle beaucoup, il lui présente ses amis, l'invite à des manifestations culturelles. Il sait la stimuler sans l'étouffer. Malheureusement, la vie commune avec lui est impossible, du moins pour le moment, car leurs activités professionnelles respectives les retiennent dans des villes différentes.
> Le second, Gilles, est dans l'attente d'elle. Comme il est en préretraite, il veut passer tout son temps avec elle. Elle sait qu'avec lui, sa vie serait tranquille, il s'occuperait de tout. Mais comme il la veut tout à lui, elle n'aurait plus de vie sociale. Quand elle lui dit qu'elle veut rester libre, il lui répond que cela ne pose pas de problème. Pourtant, à chaque fois qu'elle veut faire des choses sans lui, il lui « met la pression ».
> Jocelyne ne sait pas lequel choisir : « Ce serait plus simple de suivre Gilles. Il s'occuperait de tout, je n'aurais plus de soucis ni de problème d'argent, mais je préfère la vie avec Daniel. »

L'autonomie augmente bien sûr la probabilité de séparation ou de divorce. Dans ce modèle de couple persiste en principe une exclusivité sexuelle et affective. Mais si un tiers s'immisce dans la relation, ou si l'un des partenaires part avec un(e) autre, celui qui aura été trompé aura du mal à faire confiance à nouveau. Il tendra ensuite vers un couple fusionnel jugé plus sécurisant ou bien choisira la solitude. L'infidélité n'est d'ailleurs pas le seul écueil possible pour ce type de couple : à la place du rival possible, d'une certaine façon nécessaire à l'équilibre du couple, équilibre difficile à « gérer » quand on a une vie professionnelle chargée, on peut constituer un « tiers virtuel » par une sublimation dans un investissement ou une passion. Dans ce cas, le rival n'est pas un autre homme ou une autre femme, mais un sport, une activité de loisir ou un engagement militant ou associatif.

Les couples non cohabitants

Très tôt, les féministes des années post-68 ont senti que la cohabitation conjugale pouvait poser problème. En février 1978, reprenant toutes les revendications des femmes depuis plusieurs années, l'avocate Gisèle Halimi avait publié le « programme commun des femmes », où une petite phrase – qu'elle finira par désavouer – allait créer des réactions très vives, voire haineuses : « Si le but à viser est la suppression de la famille patriarcale, peut-être sera-t-il nécessaire, pour atteindre ce but, de supprimer la cohabitation du couple pendant au moins une génération[1]. »

Cette préconisation n'est évidemment jamais devenue programme politique, mais force est de constater qu'elle est partiellement devenue réalité dans les pays riches. À l'opposé de l'intimité de couple, fusionnelle et envahissante, certains – et surtout certaines – éprouvent le besoin d'une intimité personnelle, d'un espace à soi. Aussi, face à la difficulté de

1. Cité par Évelyne LE GARREC, *Un lit à soi*, Seuil, Paris, 1979.

vivre ensemble au quotidien, certains couples, jeunes ou dans la cinquantaine, décident de ne pas cohabiter. La mise en couple traditionnelle implique en effet de renoncer à une vie individualisée, et on peut préférer trouver d'autres arrangements. Ne pas cohabiter est ainsi devenu un mode de vie plus fréquent dans les années 2000.

Dans les premiers temps d'une relation, il est désormais presque habituel de ne pas vivre ensemble tant que l'on n'est pas sûr de l'avenir du couple : on teste la solidité de la relation avant de s'engager. Plus tard, les contraintes professionnelles peuvent servir de prétexte à une non-cohabitation qui ne se nomme pas comme telle. Accepter une mission à l'étranger est, par exemple, un moyen de sortir de la routine du couple, du conjugal.

> Florence et son mari Thierry sont tous les deux consultants. Âgés de 45 ans, ils sont aujourd'hui mariés depuis quinze ans et ont deux enfants de 10 et 12 ans. Thierry a été au chômage plusieurs fois pendant plusieurs années, et les postes les plus intéressants qui lui ont été proposés étaient des missions à l'étranger. Il est ainsi devenu spécialiste de l'Asie. Quand Thierry est en Chine, c'est Florence qui gère tout. En plus de son travail et de ses deux heures de transport par jour, elle assume l'intendance de la maison, la scolarité des enfants, le quotidien : « J'ai toujours fait la forte, mais maintenant, j'en ai marre. Je suis fatiguée. Thierry ne se rend pas compte de tout ce que je fais. Quand il rentre, il me met encore la pression pour encore plus de projets. Finalement, il est plus sympa quand il est au loin et que nous communiquons par mail ou par téléphone. » Quand Thierry rentre, ils passent des week-ends et des vacances ensemble et se retrouvent comme dans les premiers temps. Malgré les difficultés, ce mode de vie leur convient à tous les deux.

Ne pas ou peu cohabiter peut aussi être un choix qui permet de sortir d'une crise ou une façon de remettre de la passion dans un couple qui se délite.

> Anne et Marc, 45 ans, vivent ensemble depuis vingt ans. Leur couple a toujours été difficile et, à plusieurs reprises, ils avaient envisagé de se séparer. Marc reproche à Anne d'être souvent énervée, irritable, et elle lui reproche de ne pas parler, de la laisser seule gérer les enfants et surtout de n'être jamais là (il travaille pour une entreprise internationale et passe une grande partie de son temps à l'étranger). Au fond, ils s'aiment, mais ne se supportent pas au quotidien.
>
> Une première fois, ils avaient fait une tentative de séparation, en espérant que cela leur redonnerait envie de se rapprocher : « On avait besoin de souffler, parce que c'était invivable. » Anne se sentait soulagée d'être seule, paisible, le soir chez elle, mais son mari lui manquait. Marc disait qu'il avait gagné en tranquillité mais qu'il tenait à sa femme. Il avait donc décidé de réintégrer le domicile conjugal.
>
> Quelques années plus tard, devant la persistance des problèmes de couple, ils décident, de façon définitive cette fois, de ne plus cohabiter. Ils disent néanmoins tenir toujours autant l'un à l'autre. Marc dit que le fait de ne plus habiter ensemble au quotidien ne change rien pour lui, et qu'il veut rester marié pour protéger sa famille. Il n'a envie de revivre ni avec Anne ni avec personne d'autre. Anne dit que vivre seule correspond mieux à sa personnalité, qu'elle a besoin d'aller bien par elle-même et non pas en fonction des autres. Selon eux, le couple traditionnel, c'est une image sociale conforme, rassurante, mais vivre seul, c'est comme une bulle d'air, qui permet d'être plus léger.

Plusieurs raisons peuvent expliquer le choix de ne pas cohabiter : il peut s'agir de jeunes qui, après une vie indépendante d'étudiants, hésitent encore à s'engager ; ce peut être aussi quand des personnes se rencontrent tard, après une vie indépendante à laquelle elles n'ont pas envie de renoncer. D'autres fois, la non-cohabitation s'explique par la difficulté à faire vivre ensemble les enfants issus des couples précédents. Ce mode de vie concerne surtout des couches citadines moyennes et supérieures, car il faut des moyens financiers permettant de payer deux loyers et aussi du temps pour se déplacer l'un chez l'autre. Katia, 46 ans, en couple non cohabitant avec Denis, 58 ans, explique ainsi leur choix :

> Après mon divorce, je suis restée seule plusieurs années, et l'idée de me remettre en couple était contraignante. Xavier, lui, était très pris par son travail et ses enfants, alors nous n'habitons pas ensemble. Il a préféré rester dans sa maison de banlieue plus proche de son travail et où ses enfants viennent le voir de temps en temps. Moi, j'ai voulu rester à Paris, comme cela, je peux voir mes copines, aller au cinéma, faire les boutiques. Habituellement, il vient chez moi un soir par semaine et je le rejoins le week-end chez lui. Pour les vacances, je prends une semaine toute seule et nous partons ensemble le reste du temps.

Ces personnes veulent avant tout sauvegarder leur identité propre et leur indépendance, tout en acceptant la vie sociale d'un couple. Elles partent en vacances ensemble, vont au spectacle, voient des amis ensemble et élèvent plus ou moins les enfants ensemble. C'est le fait d'être reconnus comme couple par la famille et les amis qui les différencie des célibataires ayant un ou une ami(e).

Le choix de couple non cohabitant est adapté à l'exigence d'amour et de sexualité du couple moderne. De l'intimité, il s'agit de ne garder que le meilleur. Pas de corvées domestiques à partager, pas de sordides discussions d'argent, pas d'obligation de se voir quand on n'est pas en forme. Les rencontres sont uniquement pour les bons moments. Dans la réalité, on constate que les couples organisent quand même un emploi du temps, un peu à l'image des enfants en garde alternée chez l'un ou l'autre parent.

En choisissant de ne pas cohabiter, il s'agit, pour les femmes, d'éviter le conjugal avec toutes les contraintes que cela implique, ce qui est très évident dans les familles recomposées ; et, pour les hommes, il s'agit parfois de garder un espace pour se donner l'éventualité d'une aventure, ou même, comme ils le disent eux-mêmes, « se donner une chance de trouver mieux ».

> Laurence, 45 ans, est en couple avec Paul depuis quinze ans. Ils ont un enfant de 13 ans. Elle travaille en profession libérale à Paris, tandis que lui est fonctionnaire dans une ville de province à 200 km de là. Ils ne vivent ensemble que lorsque Laurence va rejoindre Paul le week-end et pendant les vacances. Leur fils habite avec elle en semaine et rejoint son père pendant les vacances.
>
> « Je n'ai pas trouvé d'homme qui me convenait, alors il vaut mieux ça que rien du tout. Avec ce système, j'ai une certaine liberté. Je fais ce que je veux, je peux aller au spectacle, voir une expo, recevoir des amis. Autour de moi les hommes sont casaniers, ce sont les femmes qui poursuivent les liens sociaux. »

Il arrive que cet arrangement ne soit pas choisi conjointement. Quand l'un est plus occupé professionnellement, ou qu'il n'est pas libre, l'autre doit s'adapter et reste ainsi « à disposition », en attente du bon vouloir du partenaire. On constate que les femmes s'accommodent mieux de cette situation que les hommes, même si certaines restent dans la plainte. Avec le chômage et les mises en retraite précoces, de plus en plus souvent l'un va régulièrement dans la maison de campagne pendant que l'autre reste en ville pour travailler. Le phénomène de couples ayant des appartements séparés s'élève avec l'âge, surtout chez les hommes.

Autres modèles de couple et couples en CDD

À côté de ces nouveaux types de couple, il existe d'autres arrangements, tels que les couples à trois qui permettent de concilier la bisexualité avec le couple, ou bien, les couples « open » pratiquant une liberté sexuelle complète et où la fidélité se situe dans la durée.

Partager des moments privilégiés avec un homme ou une femme n'oblige pas à vivre en couple traditionnel. On peut se voir en pointillé. Voici ce que dit Fred, 34 ans, homosexuel séparé de Jérôme depuis deux ans. Il a depuis six mois une relation avec Bastien, qui habite à 300 km de Paris. Ils ne se voient que très ponctuellement :

> Jusqu'à ce que je fasse l'expérience de la solitude, je me voyais plutôt en couple, mais maintenant mon quotidien seul me convient. La distance géographique, c'est pratique, nous ne nous voyons que pour profiter des bons moments ensemble. Lorsque Bastien m'a présenté à sa famille, j'ai eu peur d'être envahi, car j'avais eu beaucoup de mal à prendre de la distance avec ma mère, ce n'était donc pas pour retrouver une belle-mère.

Bien sûr, trop d'exigence mène à l'échec et, quand on ne rencontre pas le grand amour, on peut se contenter d'un arrangement de couple, comme Louise, 59 ans, au chômage et en instance de divorce :

> À 20 ans, je voulais rencontrer le prince charmant, c'est-à-dire quelqu'un avec qui il devait se passer quelque chose de fort. J'ai rencontré des hommes avec qui j'ai eu des relations plus ou moins longues, mais ils ne voulaient pas forcément d'un enfant. À 40 ans, je me suis dit que, puisque le prince charmant ça ne marche pas, soyons raisonnable et prenons celui qui voudra bien de moi.

Ainsi, nombre de nos contemporains, avec leurs faiblesses et leurs disgrâces physiques, gèrent leur passé avec quelqu'un, s'accommodent de leurs manques avec les manques d'un autre, comme ils gèrent leur compte-chèques ; au mieux ils passent au stade de la tendresse. Il y a aussi des couples « en apparence », qui ne savent même plus sauver les apparences :

> Après une grave crise de couple qui aurait dû aboutir à un divorce, Virginie, 41 ans, et son mari, Éric, ont fait le constat qu'ils n'avaient pas les moyens de se séparer en préservant de bonnes conditions matérielles pour leurs trois enfants. Ils ont donc réfléchi à un autre aménagement de couple : Virginie, institutrice, a pris un studio près de son domicile et vit à l'extérieur, mais elle continue néanmoins à aller chercher les enfants à la sortie de l'école pour les ramener à la maison commune ; elle reste avec eux pour surveiller les devoirs, les faire manger le soir, et elle part quand Éric arrive. Parfois, c'est elle qui va habiter dans la maison. Quand l'un d'eux s'absente pour une ou plusieurs nuits, l'autre est à la maison avec les enfants.

Un autre changement majeur des nouveaux couples tient à la durée. On l'a vu, le divorce s'est banalisé et intervient plus tôt qu'autrefois, à tel point qu'un magazine féminin peut traiter dans la même chronique : « Ils se sont mariés, ils se sont séparés. » On aime, mais avec des clauses suspensives, et si l'autre ne donne pas satisfaction, on désinvestit très vite. On pourrait dire que les rencontres se font de plus en plus sur le mode du contrat à durée déterminée (CDD) : on s'engage, mais pour un temps limité ; et si l'autre fait l'affaire, on renouvelle le contrat.

Dès qu'on n'aime plus ou pas assez, on préfère se séparer plutôt que de tenter de réparer un couple médiocre. Et dès que l'un des deux ne respecte plus le contrat, par exemple s'il a une aventure sérieuse, le couple se défait. Toute crise ou tout conflit est traité par des comportements de rupture. En cas de problème, on a la réponse toute faite : « Je te quitte et je recommence avec un(e) autre. » Ces couples sont ainsi révocables à chaque instant, au point que, parfois, on se sert du partenaire comme d'un objet que l'on jette dès qu'il ne correspond plus à l'attente ou qu'il est défectueux.

Derrière une demande d'engagement est souvent sous-entendu un amour en CDD : on vous prend à l'essai, mais comme bien d'autres tout aussi engageant(e)s sont disponibles, si vous ne faites pas l'affaire, on initiera une autre recherche. Attitude qu'analyse ainsi le sociologue Zygmunt Bauman : « La diminution des capacités de socialité est accentuée et accélérée par la tendance, inspirée du mode de vie consumériste dominant, à traiter les autres humains comme des objets de consommation et à les juger, comme on juge lesdits objets, au volume de plaisir qu'ils peuvent offrir et en termes de “en avoir pour son argent”[1]. »

---

1. Zygmunt BAUMAN, *L'Amour liquide. De la fragilité des liens entre les hommes*, Le Rouergue/Chambon, Rodez, 2004.

Les deux sexes abordent différemment les difficultés de couple. Les hommes tendent à laisser la situation se dégrader, ils désinvestissent le foyer, entament une liaison de plus en plus envahissante, se montrent critiques et désagréables avec leur femme, jusqu'à ce que celle-ci réclame le divorce. Ils se poseront alors en victime d'une épouse qui les a « mis dehors » du foyer. Alors que les femmes iront rapidement et en secret voir un avocat avec une liste de griefs, pour demander un divorce aux torts du mari. Dans ces cas, il n'y a pas d'affrontement direct, pas de discussion, mais au contraire un refus de communiquer.

Dans cette forme d'engagement, il faut savoir que l'autre risque à tout instant de vous éliminer parce que vous ne correspondez pas à ses attentes, parce que vous avez été vidé de toutes vos potentialités ou tout simplement parce qu'il existe mieux ailleurs. Il faut donc s'engager sans devenir dépendant, position difficile à maintenir…

Une polygamie successive

De plus en plus, la vie en couple, comme la vie professionnelle, est séquentielle. Une vie adulte est constituée de périodes alternant une vie de couple non cohabitant, sans enfant, puis une vie de couple avec enfant, ensuite une séparation, du célibat, de nouvelles unions, puis éventuellement une famille recomposée, puis du célibat à nouveau, peut-être encore une famille recomposée, etc. En cas de séparation, les hommes retrouvent une nouvelle partenaire peu de temps après, et d'ailleurs la plupart commencent à chercher avant même la séparation effective. Au contraire, les femmes ont besoin d'un temps d'accoutumance avant de se mettre à chercher.

De nos jours, les individus ont ainsi des relations successives, en espérant que l'une d'elles constituera le grand amour, celui qui pourra se poursuivre avec intensité dans la durée. Mais on constate qu'avec le temps, les unions s'enchaînent avec de plus en plus de rapidité, jusqu'à ce que, fatigué des changements, on décide de rester seul(e) ou de supporter une union imparfaite. Cette alternance est relativement bien acceptée tant que la personne a le sentiment qu'elle a le choix, mais il arrive un moment où les possibilités de rencontres se restreignent et où la position sera fixée. Les femmes de plus de 55 ans savent que même en se connectant sur des sites très actifs, il ne leur sera pas facile de trouver un partenaire et, de plus, les habitudes de vie vont faire que plus le temps passe, plus il sera difficile de s'adapter.

Sous l'influence des femmes qui continuent plus que les hommes à prôner la fidélité, la monogamie se maintient, mais avec des arrangements. Certains hommes tendent à s'accrocher au confort de la vie de couple, et, s'ils ne sont pas satisfaits de la relation avec leur compagne, ils cherchent des compensations ailleurs, invoquant le prétexte de la nouvelle liberté sexuelle pour réaliser une double vie. Leur justification est alors de dire qu'ils ne veulent pas abandonner femme et enfants, qu'ils ne veulent pas « casser » une famille. C'est ce que vit Anne, 43 ans, attachée de presse, mariée à Fred, journaliste :

> J'envisage de quitter mon mari, parce qu'il me trompe. Au début, je n'ai pas voulu en prendre conscience, puis je n'ai pas pu ne pas le voir. Nous en avons parlé. Il m'a promis qu'il cesserait ses diverses aventures. Il ne l'a pas fait. Il me dit que ce n'est pas grave puisqu'il reste avec moi, pourtant petit à petit notre relation se délite. Comme je ne peux pas ne rien dire lorsque je

> surprends des coups de téléphone ou des SMS d'autres femmes, cela occasionne des scènes et finalement je réalise que mes sentiments comptent peu pour lui. Il ne se préoccupe pas de ce que je peux penser, et il tient autant aux autres femmes qu'à moi. Ce que j'ai pour lui par rapport à elles, c'est d'être sur place, de gérer la maison, les enfants, mais quelle différence cela ferait-il si nous étions séparés ?

Au nom de la tolérance et du nouveau couple, on fait parfois cohabiter les légitimes, les ex et les maîtresses. Et l'on retrouve, dans certaines familles occidentales, le modèle de l'ancienne Chine avec la première épouse qui est celle avec qui l'on se montre dans les réunions officielles, puis la première concubine, la seconde, sans compter les femmes de passage. Les femmes acceptent par amour, par faiblesse ou, parfois, par intérêt. Ces familles sont décrites dans les médias comme le nouveau modèle de famille, la « tribu » : on fait l'éloge de ces hommes qui partent en vacances avec femme et enfants, leur ex et l'ex de leur femme et les enfants des différents couples. Pourtant, la réalité est beaucoup moins simple et, en privé, certains en souffrent mais n'osent pas le dire sous peine de passer pour intolérants ou fermés d'esprit.

> Xavier, 58 ans, vient de quitter son épouse Yolande pour une femme beaucoup plus jeune, qui était sa maîtresse depuis un certain temps. Il propose à Yolande de garder la maison de campagne en commun « pour faire lien avec les enfants ». Devant son refus de rencontrer la nouvelle compagne de son ex-mari, il impose d'alterner le partage de la maison un week-end sur deux, comme pour les enfants. Quant à la nouvelle femme de Xavier, elle garde des liens très forts avec son ex, qui s'est remarié avec une de ses amies.

On le voit, il est de plus en plus difficile de créer un couple. L'état amoureux n'offrant pas de garantie, il peut alors paraître plus simple de rester seul. On peut faire le choix d'un célibat définitif tout en ayant une vie amoureuse riche. C'est une façon d'éviter à coup sûr la fusion et de préserver son indépendance. Et de se prémunir contre des relations homme/femme devenues, on va le voir, de plus en plus dures.

5
DES RELATIONS DE PLUS EN PLUS DURES

L'exigence de perfection a rendu les relations entre les sexes de plus en plus dures. Les femmes reprochent aux hommes leur manque de disponibilité pour les tâches domestiques et leur manque d'attention. Les hommes reprochent aux femmes leurs exigences : « Elle ne me passe rien ! » C'est sans doute le point de vue du « mec » de Nadia, 39 ans, trois enfants, en couple avec Richard, 50 ans :

> Quand mon mec met systématiquement sa tasse dans l'évier au lieu de la mettre directement dans le lave-vaisselle, je le dis une fois, deux fois, puis je renonce et je la range moi-même, mais j'aimerais bien qu'il y ait des compensations. Ce pourrait être quoi ? Pas l'argent, je gagne plus que lui. Lui a l'impression de me combler en me proposant du sexe. Cela me plaît, j'aime ça, mais son rythme n'est pas le mien. Lui, ce serait volontiers tous les jours, surtout quand ça s'est mal passé entre nous dans la journée, pour compenser en quelque sorte. Moi, s'il n'a pas été sympa dans la journée, je n'ai pas envie. Il ne comprend pas. Alors, petit à petit, je lui en veux et je pense parfois à le quitter.

Reproches mutuels

Les médias et les publicités pour les sites de rencontres nous font croire que nous pouvons rencontrer le partenaire idéal, et cela nous amène à vouloir contrôler l'amour, savoir à l'avance où il va nous mener. Nous nous comportons comme des consommateurs exigeants, nous voulons le meilleur au moindre coût : nous espérons recevoir beaucoup en donnant le moins possible. La difficulté à surmonter dans une rencontre consiste désormais à ajuster les espérances de l'un avec celles de l'autre. Certains peuvent mettre en avant leur autonomie, et dès qu'une relation est créée, s'agripper néanmoins et étouffer leur partenaire. D'autres vont parler rapidement d'engagement, mais prendre la fuite dès que l'amoureux s'approche trop. Nous voulons que l'autre corresponde précisément à nos attentes et, si ce n'est pas le cas, la solution la moins dérangeante consiste à rompre et à passer à une autre relation. D'où, souvent, des relations plus dures et des ruptures brutales, comme en témoigne par exemple Justine, 34 ans :

> J'ai cru longtemps au grand amour, mais à chaque fois que j'ai fait une rencontre, après quelques semaines ou quelques mois, il y avait quelque chose qui clochait. J'avertissais, et si rien ne s'améliorait, j'interrompais la relation par SMS ou par mail.

Certes, chacun dit rechercher l'amour, mais plus personne n'a d'illusions et chacun sait que la passion qui préside à la mise en place d'un couple est éphémère. Le désir, avant d'être mis à l'épreuve du réel, doit être reformulé pour accepter la différence de l'autre. Devant la difficulté à construire une relation, certains ont recours à des « coachs », des conseillers, afin d'« optimiser » leur quête. Ils cherchent les avantages d'une relation sans en subir les désagréments. Ils craignent surtout l'engagement et les contraintes que cela suppose. Et les plus jeunes préfèrent des relations virtuelles, dans lesquelles on peut s'engager facilement et dont on peut sortir tout aussi facilement – je reviendrai plus loin en détail sur le « phénomène » des sites de rencontres sur Internet (voir infra, chapitre 9).

L'infidélité, toujours difficile à vivre

Pourtant, malgré la libération sexuelle et l'incitation à tout essayer sur le plan sexuel, la fidélité reste une valeur forte, et les tromperies sont en général vécues comme des trahisons. Cet attachement à la fidélité correspond à une aspiration à un amour intense, sans partage. Les femmes, en particulier, ne pardonnent pas le mensonge. Dans les nouveaux couples, on aspire à une relation pure, idéalisée, avec transparence à l'autre et exigence de respect mutuel. Mais, souvent, la fidélité ne dure que tant que l'on est dans la passion. Il s'agit alors en réalité moins d'un respect de l'autre que d'un accord amoureux : on peut donc s'en dégager sans scrupule quand on n'aime plus. Dès que l'amour s'estompe, la fidélité ne tient plus, au prix de faux-semblants et de mensonges fréquents chez les hommes, comme l'a vécu par exemple Annabelle, 50 ans :

> Après des échanges stimulants avec un homme par Internet, nous avons eu envie de nous rencontrer. J'avais remarqué qu'il était rarement joignable le week-end, mais il avait justifié cela par des activités sportives et m'avait assuré qu'il était libre. Lors de notre rencontre, comme je revenais sur ce sujet, il me dit avec un air de connivence que j'avais bien évidemment compris qu'il

> était en couple. Alors que je tentais de dire que je ne me serais pas déplacée si j'avais su qu'il n'était pas libre, il me dit que ce n'était pas un problème, qu'il s'estimait libre puisqu'il n'aimait pas sa compagne.

Certains hommes gardent une relation en réserve, une autre que l'on peut appeler si l'être aimé fait défaut, une relation simple, disponible, sans nécessité de futur, sans engagement. Ou ils fuient et s'inscrivent sur un site de rencontres dès que le couple connaît un flottement.

> Boris, 51 ans, est un homme incertain, fragile psychologiquement. Il a rêvé d'un destin grandiose, mais sa réussite n'est pas à la hauteur de ses ambitions. Avec les femmes, il a toujours été séducteur, ce qui a conduit à l'échec de son premier couple. Il vient de se remarier avec une femme socialement gratifiante, mais il supporte mal les contraintes du couple et il ne peut s'empêcher de tenter d'éblouir de très jeunes filles. À chaque crise du couple, il s'inscrit sur un site de rencontres, car il craint, en cas de rupture, de se retrouver seul.

Alors que l'adultère n'est plus considéré comme une faute dans la nouvelle législation du divorce, il reste le plus souvent mal vécu : on souffre d'autant plus qu'on avait tout investi sur cet amour. Certaines femmes disent qu'elles ont vécu cette situation comme un rejet violent d'elles-mêmes, qui a perturbé gravement leur sexualité. Lorsque l'autre relation est fondée sur un amour vrai, la solution la moins douloureuse pour le conjoint devrait être de rompre le lien conjugal, mais la relation se poursuit souvent de façon (plus ou moins) cachée sous le prétexte de protéger les enfants, même s'il s'agit en pratique de sauver les avantages matériels du couple.

> Julien, 40 ans, employé de banque, a annoncé à sa femme Françoise qu'il est amoureux d'une collègue de bureau, mais qu'il s'est fait éconduire et que c'est pour cela qu'il va mal. Depuis, il se montre agressif avec Françoise. Comme il ne veut pas lâcher cette autre femme, il s'isole pour lui téléphoner ou lui envoyer des SMS, et il s'absente souvent. Françoise doit non seulement gérer le quotidien avec les enfants, mais aussi réconforter son mari quand il est à la maison. Il lui dit qu'il veut rester avec elle, car il l'admire : « Je ne veux pas te quitter, mais je n'arrive pas à t'aimer.
> – Que tu ne m'aimes pas, c'est une chose, mais je ne veux pas payer pour cela en plus !
> – Je ne peux pas être gentil avec toi en ce moment, car je pense à elle. »
> Françoise dit qu'elle tient à son couple, mais qu'elle en a assez de tout assumer : « Ma force joue en ma défaveur, cela renvoie mon mari à sa faiblesse. »

L'homme (ou la femme) infidèle se rend rarement compte à quel point il peut blesser l'autre en trahissant son engagement. Est-ce pour éviter d'être confronté à ce risque que certain(e)s refusent justement de s'engager ? Les couples modernes connaissent en tout cas souvent l'adultère arrangé, toléré par le conjoint délaissé : « Ce n'est pas grave, il (elle) accepte… » Cette situation est toutefois loin d'être anodine, car elle suscite souvent beaucoup de souffrance cachée et de rancœur. C'est le cas de Brigitte, 43 ans :

> Mon mari a une autre femme dans sa vie, pour lui ce n'est pas grave : « Rassure-toi, elle n'est pas intelligente ! » Pendant ce temps-là, moi je me coltine les enfants, les profs, l'orthodontiste, les papiers de la maison et son organisation et, en plus, il est odieux. Qu'on trompe sa femme, soit, mais discrètement… Et pourquoi en plus la démolir ?

Une autre difficulté à laquelle se heurtent les partenaires aujourd'hui tient au fait qu'hommes et femmes aimeraient idéalement trouver un partenaire plus jeune que soi. Même s'il est moins rare qu'autrefois que des femmes se mettent en couple avec des hommes plus jeunes qu'elles, cela reste une exception et ce sont surtout les hommes qui, passé 45 ans, se tournent vers des partenaires nettement plus jeunes qu'eux. Pour se remettre en couple, les hommes mûrs recherchent majoritairement des femmes plus jeunes, ce qui explique que la solitude soit plus fréquente chez les femmes de plus de 50 ans. Pour autant, l'exigence de jeunesse et de beauté de notre époque amène certains hommes à renoncer, persuadés qu'ils sont de ne plus pouvoir plaire. Ainsi Christian, 62 ans, au chômage depuis quatre ans, divorcé une première fois puis séparé d'une autre femme depuis deux ans :

> Ai-je passé le temps d'aimer ? Il y a des femmes avec qui je n'oserai plus jamais. Je ne peux pas me proposer à quelqu'un pour qui j'aurais de l'estime, car ce serait un trop mauvais cadeau. Je n'oserai pas proposer ma guenille de corps…

Affronter la séparation

Pour mieux comprendre la fragilité des couples d'aujourd'hui, il nous faut revenir sur les conditions de leur séparation. Comme on l'a vu, celle-ci survient majoritairement à la demande des femmes, lesquelles décident de partir lorsqu'elles n'en peuvent plus d'une relation de couple frustrante ou douloureuse. Quand elles partent, elles ont besoin d'un temps de solitude pour récupérer : c'est une façon pour elles de se réapproprier leur histoire. Pour celle qui a encore de jeunes enfants à charge, même si une garde alternée lui laisserait plus de liberté pour démarrer une nouvelle vie, obtenir leur garde représente souvent un enjeu bien plus capital que la recherche d'un nouveau compagnon : elle a le sentiment que, puisque c'était surtout elle qui s'occupait des enfants au sein du couple, il serait injuste qu'ils ne restent pas avec elle.

Quand ils sont à l'initiative de la séparation, les hommes partent rarement seuls, mais beaucoup plus souvent poussés par une maîtresse qui demande une régularisation de la situation. Afin de ne pas renoncer à un bonheur qui passe, il leur importe moins de s'éloigner de leurs enfants que de vivre avec quelqu'un d'autre (même s'il ne faut pas ignorer certaines situations, moins fréquentes, où une mère possessive et névrotique pousse son conjoint à la séparation pour s'accaparer les enfants). L'excuse, c'est alors : « Je suis tombé amoureux ! » – sentiment contre lequel on ne pourrait pas lutter. Pour beaucoup d'hommes, sacrifier un mariage, une famille, une relation de parentalité à l'amour d'une nouvelle conquête est ainsi devenu une quête légitime, puisqu'ils espèrent parvenir de cette façon à un épanouissement de soi.

Quand un homme se sépare de la mère de ses enfants, il est ainsi devenu banal qu'il leur présente sa nouvelle compagne, leur disant qu'il a enfin rencontré l'amour de sa vie, avant même de l'avoir annoncé à la femme dont il n'est pas encore séparé. Celle-ci apprend alors son infortune de la bouche des enfants. Dans cette façon de faire, il n'y a aucun respect de l'ancienne femme, « jetable et jetée », pas plus que des enfants qui se retrouvent au premier plan pour recevoir le désarroi de leur mère. La décision de préférer quelqu'un d'autre est plus mutilante qu'un deuil, car c'est un jugement qui écarte volontairement l'autre.

La sociologue Irène Théry a montré que les récits de divorce ne sont pas les mêmes suivant les sexes[1]. Pour les femmes, le divorce est en général une décision longuement mûrie, parce que la souffrance a assez duré, qu'elle soit causée par la violence, l'adultère ou l'indifférence affective. Pour les hommes, le divorce survient le plus souvent comme un drame : selon eux, tout allait bien, ils avaient tout misé sur le couple, ils avaient bâti une histoire commune jusqu'au jour fatal où ils ont été « mis dehors » par leur épouse. Philippe, 54 ans, fonctionnaire, nous relate ainsi le départ de sa femme :

> Je ne comprends pas, elle est devenue folle. Elle bousille tout. Pourtant, elle avait tout : elle ne travaillait qu'à mi-temps, je ne l'embêtais pas pour des problèmes d'argent, les enfants étaient presque élevés, et voilà qu'elle commence une psychothérapie et qu'elle veut être autonome. Ce n'est pas possible, j'imagine qu'elle a dû avoir une liaison avec son psy ; d'ailleurs, je compte porter plainte auprès du conseil de l'ordre des médecins. On n'a pas le droit de dévoyer une femme comme cela ! En plus, elle veut la moitié de la maison et une prestation compensatoire, mais c'est moi qui ai payé cette maison avec l'argent que j'ai gagné !

Après une séparation, la souffrance est d'abord liée à l'absence de l'autre. Passé la phase de choc apparaît souvent le bonheur de se réapproprier son espace, de dormir en travers du lit, de manger ce qu'on veut, quand on veut. Certaines personnes vont alors tomber dans l'excès et s'étourdir dans des rencontres multiples pour fuir leur solitude. Pourtant, après une séparation, il est important de se reconstruire

1. Irène Théry, *Le Démariage. Justice et vie privée*, Odile Jacob, Paris, 1993.

seul, sans partenaire-béquille. Car le danger est alors de combler son malaise intérieur en y mettant quelqu'un tout de suite. À l'inverse, d'autres vont tomber dans la dépression et se replier sur eux-mêmes, ce qui n'est pas rare dans le cas de la séparation ultime qu'impose la mort de l'autre :

> En raison du décès de son mari, Lydie vit seule depuis sept ans, élevant seule trois enfants en bas âge. Débordée entre son travail et l'éducation des enfants, elle a renoncé à toute vie personnelle et n'a plus de sexualité. Petit à petit, elle a cessé d'inviter des gens chez elle, car elle considère que ce n'est pas évident pour une personne seule de susciter la réciprocité en « s'incrustant » chez des couples. Elle a de moins en moins envie de faire des efforts de socialisation, elle préfère rester au fond de son lit avec un bon livre. Elle ne lit que des romans qui lui permettent d'entrer dans un autre univers que le sien. Elle a conscience que moins on se socialise et plus on perd l'habitude de le faire. Mais quand elle est invitée, elle résiste de plus en plus quand l'échéance se rapproche. Parfois, elle trouve un prétexte pour faire faux bond, d'autres fois elle y va quand même, mais elle sait d'avance qu'elle va s'ennuyer.

La dureté des ruptures

Autre paradoxe, à l'heure où les couples sont de plus en plus éphémères, les ruptures deviennent de plus en plus dures. Dès qu'un différend apparaît, les mots se font de plus en plus violents, voire cruels, et très vite l'un des deux partenaires vient à parler de séparation. Quand la décision est prise, l'autre n'existe plus en tant que personne. Dès lors, il n'est plus ménagé : on se sert de ses moindres faiblesses, on l'attaque dans sa fragilité. La vie de couple permettant une connaissance intime du partenaire, il est aisé de viser là où ça fait mal, par l'humour, l'ironie ou en utilisant une confidence révélée dans un moment d'intimité. Bien peu sont capables de reconnaître leur part de responsabilité dans l'échec du couple, et la plupart préfèrent accuser l'autre.

On cherche à se convaincre, ainsi que l'entourage et au besoin le juge des affaires familiales, que l'autre est « perturbé ». Maintenant que la notion a été galvaudée, on l'accuse d'être « pervers narcissique », on cherche à démontrer qu'il (elle) est fou (folle) afin de se déresponsabiliser. Tous les coups sont permis pour obtenir un divorce au moindre coût. Il ne s'agit nullement d'une négociation entre deux personnes raisonnables, mais plutôt d'écraser l'ancien partenaire devenu rival, afin de « triompher ». Dans cette guerre des psychismes, c'est souvent le plus pervers qui gagne. Or les individus narcissiques ne sont pas capables de se remettre en question, de reconnaître l'autre en tant qu'humain que l'on a aimé et désiré. Pour eux, si le couple n'a pas marché, c'est forcément la faute de l'autre. On n'hésite pas alors à instrumentaliser les enfants pour mieux le disqualifier.

Dès lors qu'on ne veut plus d'un partenaire, il peut être tentant de l'écraser, de le détruire psychologiquement. Si l'autre résiste, on peut alors se poser en victime et justifier ainsi son départ : « Je l'ai quitté(e) parce c'était une mégère/parce qu'il était tyrannique ! »

> Caroline, brillante universitaire de 45 ans, a rencontré Stéphane alors qu'ils étaient étudiants. Dès le début de leur couple, celui-ci s'est montré tyrannique et même violent à plusieurs reprises. Parce qu'il ne supportait pas qu'elle travaille, elle a renoncé à une belle carrière pour s'occuper de leurs trois enfants. Après vingt ans

> de mariage, il lui annonce la veille des vacances qu'il part avec une autre et lui fait alors, sur un ton violent, une longue liste de reproches. Dès le lendemain, il s'installe avec sa nouvelle compagne et commence une sorte de négociation commerciale pour imposer ses conditions matérielles. Il cesse du jour au lendemain de lui donner de l'argent pour les enfants et supprime sans la prévenir toutes les assurances. Sans cesse, il la disqualifie auprès des enfants.
>
> Faisant fi de l'accord passé devant le juge, il fait pression auprès des enfants pour les recevoir quand ça lui convient et, malgré leur réticence, il les emmène en vacances dans les lieux où il allait depuis toujours avec leur mère. Très clairement, il essaie de tout s'approprier, y compris les souvenirs. Mais Caroline, voulant être irréprochable, se défend mal et se met en position sacrificielle, ce qui renforce l'agressivité de Stéphane.

Certains, hommes ou femmes, réclament la garde des enfants, alors qu'ils n'en veulent pas, simplement pour blesser l'autre ou pour obtenir une pension alimentaire. Certaines femmes font tout pour limiter le droit de visite du père, allant parfois jusqu'à déménager dans une autre ville ou un autre pays, ou même n'hésitant pas à brandir de fausses allégations d'abus sexuel à enfant. Hommes et femmes médisent abondamment sur l'ancien partenaire en oubliant qu'il s'agit du père ou de la mère de leurs enfants. Pour les femmes qui n'ont pas d'autonomie, une séparation peut être vécue comme un affront dont elles peuvent vouloir se venger. Pour des hommes qui ont tout misé sur un couple fusionnel, la séparation est un échec encore plus grand.

On pourrait penser qu'après un temps, chacun étant installé dans une nouvelle vie, les choses reviendraient à la normale. C'est loin d'être toujours le cas. Comme s'il fallait masquer le dérapage initial par une haine éternelle. L'exigence de notre société à vouloir des individus parfaits engendre de la paranoïa, ou à tout le moins un fonctionnement paranoïaque : « Je suis irréprochable, je ne suis responsable de rien. Tout est de la faute de l'autre ! » On voit ainsi apparaître un monde d'hommes et de femmes séparés. Ils sont dans des clans rivaux et ils s'observent. Les femmes regardent les hommes avec condescendance : « On ne peut rien attendre d'eux ! » Et les hommes disent souvent des femmes qu'elles se sont durcies et qu'elles ne savent plus faire de compromis.

Ce genre de généralités est le symptôme d'une profonde mutation sociale. Car la revendication d'autonomie des femmes, le désarroi des hommes et le durcissement des rapports de couple, sources des « nouvelles solitudes », s'ils se manifestent toujours de façon singulière au niveau de chaque individu, avec bien sûr des « exceptions qui confirment la règle », sont le fruit de transformations plus vastes dans les représentations et le concret de la vie sociale. Dans les pays du Nord développé – et de plus en plus dans ceux du Sud –, l'ère du patriarcat, légitimant la prétendue infériorité de la femme par rapport à l'homme, est désormais révolue, même si, on l'a vu, cette réalité peine à être assumée au quotidien. Engagée dans les années 1970 aux États-Unis et en Europe, il est logique que cette « révolution anthropologique » ne puisse être vraiment assumée qu'après (au moins) deux générations.

Mais ce qui complique cette évolution, c'est un autre bouleversement, presque aussi décisif, que je n'ai évoqué jusque-là que de façon incidente : l'affirmation, depuis les années 1980, d'une nouvelle idéologie dominante dans les pays riches, célébrant le mythe de l'individu et la prétendue efficacité de la compétition de chacun contre tous. Combinée à la fin du patriarcat et à l'émergence d'une « société virtuelle » créée par Internet, cette autre mutation contribue à fabriquer un étrange et nouveau cadre de vie pour nos contemporains, jeunes et vieux. D'où, dans le travail, un durcissement des relations interindividuelles et le développement de nouvelles pathologies, comme le harcèlement moral. Mais aussi, dans les relations amoureuses, amicales et familiales, de nouveaux modes de vie plus sereins, où la solitude assumée peut trouver sa place. C'est cette réalité contradictoire que je tenterai, dans les chapitres qui suivent, d'éclairer par les témoignages de mes patients.

II

Seul dans un monde de performance

6
Quand le travail fabrique de la solitude

> « À force de faire le vide, on finit par s'effacer. »
>
> Pierre, 58 ans.

Comme la vie de couple est incertaine, il peut être tentant de chercher à se définir par son travail. C'est le constat d'Hélène, 46 ans, assistante de direction, élevée par une mère célibataire :

> Étant célibataire, j'ai beaucoup investi dans mon travail. Quand on n'a pas de mari, pas d'enfant, pas de famille, le travail vous donne une appartenance sociale. J'ai l'idée un peu folle que, s'il m'arrive quelque chose, il y aura au moins mon employeur pour s'inquiéter de moi. Par mon travail, j'existe vraiment. Pour moi, la priorité, c'est la sécurité financière liée au travail, car aucun homme n'est sécurisant.

Malheureusement, la nouvelle organisation du travail produit encore plus de solitude. Même si ce n'est pas vrai dans toutes les entreprises, la tendance générale est à l'éclatement des collectifs de travail et les espaces libres qui existaient autrefois – pauses entre deux activités, échanges autour de la machine à café – sont désormais restreints au maximum. Depuis le passage aux 35 heures, les temps morts, considérés comme du temps perdu, ont été évacués des plannings. Tout est concentré, tout vide est rempli. Alors qu'autrefois les demandes d'informations entre bureaux étaient l'occasion d'échanges, désormais les gens s'adressent des mails sibyllins, avec des formules impersonnelles ou comminatoires. Cela assèche considérablement l'humain et, même si le travail en *open space* donne l'impression que l'on travaille ensemble, on peut s'y sentir seul.

Intensification du travail et sentiment de solitude

Les rythmes de travail se sont accélérés, il faut zapper d'une tâche à l'autre, dans une sensation d'urgence permanente, avec souvent l'impression de devoir bâcler un travail. De crainte d'être éjecté, chacun s'épuise pour tenter d'être conforme à ce qu'on attend de lui. L'intensification du travail, marquée par le renforcement des contraintes de rythme et l'augmentation de la charge mentale, a créé un sentiment de fatigue généralisé, et l'individu fragilisé perd ses illusions, se démotive et devient de plus en plus seul, comme l'explique Didier, 51 ans, cadre financier en instance de divorce :

> Parce qu'on m'a reconnu une compétence, je dois donner, fournir toujours plus. Bien sûr, c'est valorisant, on me fait croire que je suis indispensable, mais, si je lève le pied, on me culpabilise. C'est un piège. Si je ne poursuis pas ce rythme effréné, je serai disqualifié. Travailler moins sans mettre en péril mon poste,

> c'est impossible. Tout autour, ce sont des vampires qui s'accrochent à celui qui semble réussir.

Plus encore que les conditions de travail elles-mêmes, les relations entre les personnes sont souvent sources d'isolement et de sentiment de solitude. Les nouvelles pratiques managériales dans les grandes entreprises ont produit une perte de repères qui apporte de la frustration et des souffrances et, surtout, quel que soit le niveau hiérarchique, une inquiétude par rapport à son poste : on est d'autant plus seul que c'est désormais chacun pour soi ; les collègues de travail sont moins des camarades que des rivaux, car on sait qu'en cas de réduction d'effectifs, on ne gardera que celui qui paraîtra le plus performant. La peur du chômage et de l'exclusion est telle que beaucoup sont prêts à éliminer le collègue qui devient un rival, et on en vient à se méfier de tout le monde. Devant des attitudes de rejet ou de persécution, il n'existe plus aucune solidarité entre collègues et, de crainte de perdre son emploi, chacun se protège.

En cas de harcèlement moral, une personne ciblée se retrouve seule, comme le rappelle Christophe Dejours : « Les nouvelles organisations, en privilégiant l'individualisation de l'évaluation, ont détruit les solidarités et le vivre ensemble. Si vous vous enfoncez, personne ne bouge[1]. » L'entourage préfère souvent se mettre du côté du plus fort et prendre fait et cause pour l'agresseur – et c'est cette complicité, au moins passive, des témoins avec le harceleur, qui affecte le plus la personne ciblée et l'amène à perdre ses repères. Quand on a été victime de harcèlement moral, on perd confiance en soi et on en vient à se méfier de tout le monde. Le salarié, déjà déstabilisé par le harcèlement, en

1. Christophe DEJOURS, cité dans *L'Express*, 17 mai 2007.

vient à douter de ses compétences et de son savoir-faire, parfois même de sa santé mentale.

> François, 56 ans, contrôleur de gestion, a été progressivement mis de côté lors de la restructuration de sa banque. Il n'a plus rien à faire, sauf du remplissage et toutes ses tentatives pour intégrer un nouveau poste se sont révélées infructueuses. Sur le plan privé, il s'est progressivement éloigné de sa femme, et l'amie qu'il voyait de temps en temps ne donne plus de nouvelles. Il se sent las et désabusé. Pour masquer son vide, il a investi des activités associatives, mais il a conscience que ce ne sont que des pis-aller. Ce qui lui manque, c'est une reconnaissance professionnelle qui lui donnerait une base. Il dit avoir peur du vide, du manque affectif et intellectuel. Parfois, il a la tentation de tout lâcher, de renoncer à chercher un autre poste, et même de cesser de voir ses amis et ses relations.

De surcroît, le travail est réparti inégalement : il y a les exclus du travail qui ont trop de temps libre et ceux qui travaillent trop et qui n'ont plus de temps pour la vie privée, comme Dominique, 36 ans, directeur financier :

> Mon rôle de manager m'isole. On me demande toujours plus et je fournis toujours plus. Comme je suis un bon petit soldat, j'augmente de jour en jour ma capacité de travail et mes compétences et, comme je suis perfectionniste, je suis irréprochable. En en faisant trop, je pallie mon manque de confiance en moi dans tous les autres domaines, car, dans la relation à l'autre, que ce soit en amitié ou en amour, je n'ai jamais envie d'aller trop loin.

Le sentiment de solitude des salariés, en particulier des « quinquas », provient d'une perte de confiance dans l'avenir et d'un sentiment de vide intérieur. En effet, pour se réaliser, un individu a besoin de liens affectifs, mais aussi d'une suffisante considération sociale : c'est ce qui manque le plus aujourd'hui. Bérengère, 50 ans, cadre administratif :

> J'ai le sentiment de ne pas exister en tant que personne humaine avec ses faiblesses et ses qualités. Au travail, je suis utilisée comme un pion destiné à produire toujours plus, à la maison je suis une planche à billets pour mes enfants et un objet sexuel pour mon mari.

Certaines entreprises ont pris conscience du manque de cohésion entre des salariés individualistes et, pour y remédier, ont tenté, de façon artificielle, de fédérer leurs collaborateurs autour d'activités festives. Mais les salariés ne s'y trompent pas, ils se méfient de ces nouveaux instruments de management destinés à mieux les contrôler en leur inculquant des valeurs identiques.

Être dur dans un monde de durs

Le jeunisme qui a cours dans le monde du travail amène souvent à isoler les plus vieux, car, dans beaucoup d'entreprises, dès l'âge de 50 ans, les salariés sont mis de côté, isolés, poussés dans un placard. Au moment du départ en retraite, ceux dont la vie a été remplie surtout par leurs activités professionnelles se retrouvent alors face au vide. Pour eux, cela constitue une sorte de mort sociale, comme en témoigne Christian, 62 ans :

> On m'a éliminé de mon travail, alors c'est moi qui maintenant m'élimine. Pour des raisons économiques, j'ai vendu tout ce qui n'était pas indispensable : objets,

meubles, livres… Et maintenant, je continue cette entreprise de démolition. Je n'appelle plus mes amis, mes relations, et on m'appelle de moins en moins. Je ne peux compter sur personne. À force de faire le vide, on finit par s'effacer. Il n'y a pas que papa et maman qui vous émasculent, le monde se charge de vous châtrer.

Il y a un système de troc ; quand je travaillais, si j'envoyais des cartes postales, il y avait du retour, maintenant je ne reçois plus rien. Je suis « out », plus personne n'a envie de me voir. Tout le monde a des ascenseurs à se renvoyer. Pour trouver un travail passé 50 ans, quel que soit le domaine, il faut un réseau ; mais pour le constituer, il faudrait un travail de séduction très actif.

Pour tenir, j'essaie de m'intéresser aux milliers de petites choses à faire dans une journée. C'est dérisoire, mais c'est aussi héroïque. Sans désir et sans action, on n'est rien. On ne peut pas vivre si on n'est pas dans l'action, qui est une projection vers le futur. Si on ne croit pas en Dieu, à ce moment-là, le monde est complètement désespéré.

Le vieillissement est de moins en moins accepté dans le monde du travail, il est regardé comme une charge insupportable, et celui qui n'est pas jeune, beau et performant, se retrouve très vite exclu.

François, marié depuis 25 ans, a deux enfants qui, ayant pratiquement terminé leurs études, s'éloignent du foyer familial. Cela fait plusieurs années que l'entente de Bernard avec sa femme s'est dégradée, mais il y avait les enfants, le logement de fonction commun et les habitudes.

Son isolement s'est aggravé lors d'une restructuration à son travail. Très clairement, on n'avait plus besoin de

> lui, il était trop vieux (56 ans) et on préférait mettre un petit jeune à la place. Dès lors, il commença à subir des procédés subtils de harcèlement moral : son supérieur hiérarchique ne lui confiait plus de responsabilités, on oubliait de l'inviter à des réunions et on ne lui parlait plus. Jusqu'au jour où on lui dit clairement qu'on n'avait plus besoin de lui dans le service et qu'il devait donc postuler pour un autre poste.

La dégradation du travail rend la réussite professionnelle de moins en moins dépendante de la compétence et beaucoup plus de la chance ou de l'opportunisme. Il ne suffit plus désormais de travailler et d'apporter de bons résultats, il faut aussi se montrer, se faire mieux apprécier, faire marcher son réseau. Ce qui compte, c'est l'apparence et la visibilité plus que le rendement et l'efficacité, c'est un carnet d'adresses bien rempli plus que le talent. Ceux qui ne veulent dépendre de personne le paient souvent très cher.

Une autre qualité essentielle demandée au travail est l'adaptabilité : il faut savoir rebondir malgré les échecs, ne pas se remettre en question et attribuer la responsabilité de ses erreurs aux autres. Il faut également laisser de côté son empathie, être suffisamment agressif pour tuer symboliquement ses amis et ses ennemis, être capable de mentir pour obtenir un marché. Dans ce « jeu », ceux qui ont un moi hypertrophié réussissent à s'imposer mieux que les autres.

La règle actuelle est qu'il faut être dur dans un monde de durs, ne pas hésiter à liquider l'autre s'il est un obstacle à votre réussite. Des émissions comme *Le Maillon faible* mettent en spectacle, voire justifient, le harcèlement moral : il ne s'agit pas tant d'éliminer le concurrent le plus faible que de se débarrasser du plus fort, celui qui pourrait être votre concurrent direct. Dans un tel contexte, si on veut exister, surnager, il peut être tentant d'utiliser des procédés déloyaux, de se rehausser aux dépens de l'autre par des procédés pervers. C'est pourquoi on assiste depuis les années 1980 à une montée des agissements de harcèlement moral, dans le monde du travail comme dans la vie privée[1].

La conséquence de ces évolutions est que nos sociétés deviennent de plus en plus inégalitaires : d'un côté, ceux qui jouent le jeu de la performance, qui ne font pas de sentiment et sont habiles à dissimuler leurs sentiments ou à ne se laisser affecter par rien ; et, de l'autre, ceux qui sont trop sensibles, trop fragiles, resteront sur le bas-côté. On peut comprendre que, dans une telle atmosphère de concurrence, où on tend à considérer l'autre comme un rival, on devienne méfiant. Et la méfiance isole…

D'où la tentation fréquente de combattre la solitude en se plongeant dans le monde virtuel des médias audiovisuels, de la téléphonie mobile et d'Internet, dont l'explosion a miraculeusement coïncidé, depuis la fin des années 1990, avec la crise structurelle des relations homme/femme et le durcissement des relations de travail. Mais cette échappatoire, on va le voir, est souvent la source de cruelles désillusions.

---

1. Marie-France HIRIGOYEN, *Le Harcèlement moral. La violence perverse au quotidien*, Syros, Paris, 1998.

7
Les illusions de la communication et du virtuel

Dans une société de communication et d'information, il paraît naturel de chercher des liens sur Internet. En effet, dans la vie réelle, il existe de moins en moins de lieux d'échange et donc de rencontres fortuites. Dans les grandes villes, les gens sont proches les uns des autres, mais ils ne se rencontrent pas. Aussi, si l'on veut sortir de son réseau familial ou amical, il ne reste qu'Internet.

Entretenir l'illusion que l'on n'est pas seul

La solitude n'est pas toujours perçue comme telle, car elle peut être masquée par des rencontres, de l'agitation, les occupations professionnelles. Certains, ne supportant pas d'être face au silence, le remplissent avec la radio ou la télévision, où ils regardent n'importe quoi. Ce sont les mêmes qui vont ensuite téléphoner à quelqu'un ou allumer leur ordinateur pour « chatter » toute la nuit. Par une boulimie d'informations, d'autres se tiennent au courant de l'actualité en temps réel en s'abonnant à un serveur qui leur envoie des SMS sur leur téléphone portable. Pour eux, une journée sans nouvelles est inconcevable[1]... Les informations sont de plus en plus nombreuses, mais aussi de plus en plus fractionnées. Il faut tout concentrer, surtout la pensée. Par exemple, dans les débats télévisés, les invités sont briefés auparavant pour faire des réponses courtes et doivent répondre le plus succinctement possible, car le temps imparti est limité.

En 2006, les Français consommaient en moyenne 3 h 26 de télévision par jour ; cela laisse peu de temps pour la vie sociale, affective ou amoureuse. Les adolescents français passaient 4 h 17 par jour devant un écran, que ce soit la télévision, un ordinateur ou une console de jeux[2]. Ils s'enferment dans leur chambre, mais ne s'estiment pas seuls, car ils sont connectés. Ils ont l'impression d'être reliés au monde entier : à travers les *chats*, ils peuvent donner leur point de vue, montrer leurs images, diffuser leur son...

On veut nous faire croire que notre sentiment de solitude proviendrait d'une déficience de communication, qu'on pourrait escamoter la solitude en nous remplissant d'informations, de musique, de consommation, de communication... On nous propose même des formations en communication, des stages de développement personnel, avec partout cette injonction paradoxale : il faut communiquer ! Mais le problème est que toutes nos connexions sont saturées et qu'il n'y a plus de place pour un territoire intime. On échange des informations, mais l'incommunicabilité est devenue la règle. Notre esprit se dilue dans la surinformation, et nous perdons tout esprit critique et toute sensibilité à l'autre. Nous croyons communiquer beaucoup, mais nous

1. Michel LEJOYEUX, *Overdose d'info. Guérir des névroses médiatiques*, Seuil, Paris, 2006.
2. *Le Monde*, 18 novembre 2006.

ne le faisons le plus souvent que d'une façon rapide et superficielle, or un échange profond nécessite du temps. Plus que des paroles, la véritable intimité implique avant tout de la disponibilité, la capacité à repérer si l'autre va bien ou non, s'il a envie de parler ou s'il préfère se taire. Au lieu de cela, nous fuyons tout face-à-face avec nous-mêmes et avec les autres par des communications où nous n'échangeons aucunement.

Certes, le problème n'est pas neuf : dans plusieurs de ses pièces de théâtre des années 1960, Harold Pinter avait déjà traité de la solitude, de la peur des autres que l'on cache sous un masque ironique ou agressif[1]. Il nous montrait des personnages seuls, incapables de se comprendre et de se rejoindre. Mais, aujourd'hui, ce phénomène a pris une ampleur sociale inédite : grâce aux téléphones portables, aux SMS et aux ordinateurs, il est facile de joindre l'autre, sous n'importe quel prétexte, juste pour se rassurer et se donner l'illusion que l'on n'est pas seul. On peut ainsi avoir l'impression d'une conversation continue que l'on peut interrompre quand on veut, d'un seul clic. Grâce à la présentation du numéro, on peut également choisir ses interlocuteurs. Il y a de quoi entretenir un sentiment de toute-puissance…

Où que l'on soit, on peut être en même temps ailleurs, ce qui fait que l'on peut être physiquement ensemble sans être vraiment en relation puisque chacun est dans ses communications. On rencontre souvent des jeunes qui marchent dans la rue, donnant l'impression de parler tout seuls : ils ont leur téléphone branché avec une oreillette et ils parlent à quelqu'un qui n'est pas là. La plupart du

---

1. Harold PINTER, *La Collection*, suivi de *L'Amant* et de *Le Gardien*, Gallimard, Paris, 1967.

temps, il ne s'agit pas d'un véritable échange, mais plutôt un commentaire de ce qu'ils font ; ils ne sont pas en communication avec autrui, mais avec eux-mêmes. Quand ils ne sont pas au téléphone, ils écoutent de la musique. Il s'agit de remplir l'espace avec du son, d'halluciner qu'ils ne sont pas seuls, comme le constate Richard, 51 ans, juriste :

> Quand j'étais enfant, je m'agaçais de voir ma mère en permanence parler pour ne rien dire. Toute la journée, elle commentait ce qu'elle faisait : « Il faut que je fasse la lessive, mais il n'y a plus de détergent, je vais aller au supermarché, non, je vais mettre le couvert d'abord... » Maintenant, mes enfants font pareil avec leur téléphone portable. Ils sont en permanence en communication avec on ne sait qui, pour dire des choses pas plus intéressantes que ce que ma mère disait.

Nous téléphonons, nous *chattons* avec des quasi-inconnus, et beaucoup de pseudo-amitiés ne sont que des moyens commodes de fuir la solitude. Le *chat* est du bavardage, des paroles dont le contenu importe peu et qui sont seulement là pour remplir le vide. Il ne s'agit pas non plus de palabre, c'est-à-dire un échange de paroles rituelles destinées à ne pas entrer trop brusquement dans l'essentiel de la conversation, mais de paroles anodines et qui le resteront. Dans le *chat*, on reste en surface, on n'a pas envie d'approcher l'autre. Les forums, les *chats*, les blogs, les pages personnelles des internautes, tout cela constitue une manière d'éloigner la réalité, de mettre à distance les émotions douloureuses. Les phobiques sociaux par exemple, qui craignent la relation à l'autre, peuvent, avec les *chats*, avoir l'illusion de communiquer sans être menacés.

Les chimères du virtuel

Sur Internet, en théorie, tout le monde peut communiquer avec tout le monde, et cette communication fonctionne de plus en plus sur la base de l'émotion, d'une pseudo-intimité, ce qui nous place dans une transparence angoissante et nous rend extrêmement sensibles aux suggestions extérieures. Du fait de l'éloignement des liens s'est développée une fausse intimité, sous forme d'un exhibitionnisme affectif, de confessions compulsives pour faire croire à un rapprochement : il faut tout se dire, très vite ; moins on se connaît et plus on se confie.

Sur Internet, on peut vivre des aventures incognito, notamment sexuelles. Comme l'a analysé le spécialiste des médias Pascal Lardellier, c'est un immense carnaval où on s'avance masqué[1]. L'absence du corps rend toutes les identités possibles : les hommes peuvent s'essayer à être femme et draguer d'autres hommes sans pour autant se dire homosexuels, les vieux peuvent chercher des jeunes, etc. On peut s'abandonner à ses fantasmes sans trop de risque, tant qu'on ne passe pas à la vraie vie. Les noms d'emprunt et les images photographiques fournissent un stock inépuisable d'identités métamorphosables à volonté : « La cyberculture a transformé l'expression traditionnellement romantique de l'amour en son contraire, changeant les amants potentiels en Schéhérazade concurrents, essayant de triompher l'un de l'autre par l'idée ou l'image la plus choquante et la plus sordide[2]. »

---

1. Pascal LARDELLIER, *Le Cœur NET. Célibat et amour sur le Web*, Belin, Paris, 2004.
2. Jean ULLMAN, cité par Bruce BENDERSON, *Sexe et solitude*, Rivage poche, Paris, 2001.

Le virtuel rassure parce qu'il donne l'illusion d'une relation, mais il isole également, car il ne laisse plus d'espace-temps pour les relations de la vraie vie. Le virtuel, c'est ce qui peut nous consoler des souffrances du réel. Mais il s'agit d'un leurre, car, sur les sites de rencontres, l'autre n'existe pas en tant que tel. Il n'est qu'une chimère, un fantasme que l'on crée de toutes pièces. C'est ce que décrit la romancière espagnole Lucía Etxebarria dans son roman *Aime-moi, por favor* :

> « Dans le monde virtuel, j'avais une relation avec une entité incorporelle, inodore, insipide et même incolore (une entité en noir et blanc – écran et caractère –, car depuis le début j'avais refusé d'échanger des photos afin de stimuler l'imagination). Ses messages – quotidiens – avaient beau être amusants, inspirés, intelligents, je ne pouvais absolument pas, faute de savoir combien de temps il passait à les écrire, être certaine que mon correspondant était dans la vie réelle aussi amusant, inspiré, intelligent que je me l'imaginais : peut-être ne s'agissait-il pas de messages spontanés, mais simplement de rédactions quotidiennes d'un apprenti séducteur qui faisait de laborieux efforts[1]. »

La communication virtuelle nous éloigne encore plus de la possibilité d'une rencontre qui impliquerait d'oser aller vers l'autre. Chercher un autre sur Internet, c'est le narcissisme absolu, on reste face à soi. Désormais, si un individu est trop insatisfait de sa vie, il peut s'inventer une vie idéale totalement virtuelle, où il ne serait pas harcelé par son patron, où il serait toujours beau et en bonne santé, bref, où il serait enfin ce qu'on lui demande idéalement d'être. La

1. Lucía Etxebarria, *Aime-moi, por favor*, 10/18, Paris, 2006.

plate-forme de jeux *Second Life* permet tout cela : il suffit de se créer un avatar réunissant toutes les caractéristiques de ce qu'on aurait rêvé être, pour entrer dans un monde de liberté absolue où chacun peut dévoiler ses fantasmes sans s'exposer. *Second Life* propose une vie parallèle où il semble plus facile d'instaurer des liens d'amitié que dans la vraie vie : « Cela permet de se sentir d'autant plus proche qu'on est dans l'incapacité de se toucher », explique le psychanalyste Serge Tisseron[1]. Certes, tout est faux, mais tout paraît tellement vrai…

Second Life permet ainsi de trouver des amis prêts à l'emploi. Les internautes peuvent se regrouper par affinités, se créer un réseau. Il suffit de s'y connecter et de se créer un profil, ensuite un courriel propose à son destinataire de devenir « ami » avec l'expéditeur. Discuter avec cet « ami », c'est pratique parce qu'il n'y a même pas besoin de se déplacer. Dans cette quête de l'amitié virtuelle, il s'agit de combler le manque dans l'instant. On a ainsi l'illusion de ne pas être seul, même si l'échange est creux : « Bonjour, ça va ? Oui, ça va ! » Dans une pseudo-amitié sur Internet, il n'y a pas de conflit, car en cas de désaccord, on zappe et on passe à quelqu'un d'autre. L'amitié se réduirait alors à un simple contact, résiliable en appuyant sur la touche *reset.* Or une amitié, ça se construit dans le temps, à travers les expériences et les épreuves partagées.

En 2005, la société Artificial Life, basée à Hong Kong, a même inventé une vraie-fausse fiancée pour s'entraîner avant d'avoir une vraie copine : pour passer un moment avec Vivienne, il suffit de payer six dollars par mois et d'ouvrir son portable. Elle parle avec une voie de synthèse et

---

1. « Se dévoiler sans s'exposer », entretien avec Serge TISSERON, *Le Nouvel Observateur*, 7 décembre 2006.

a 35 000 sujets de conversation. « Le virtuel, c'est une façon de se protéger du réel qui va mal, qui nous fait mal, face auquel on se sent impuissant[1]. »

Les nouvelles technologies, en facilitant la communication, créent paradoxalement de la solitude. Dans les maisons, les membres de la famille vivent de plus en plus séparément, chacun s'isole dans son espace, face à ses prothèses (téléphone, ordinateur, jeu vidéo...), et il y a de moins en moins de repas en commun : la mère de famille se charge de remplir le réfrigérateur et tente désespérément de ramener tout le groupe familial autour de la table... Jadis, sur un quai de gare, les gens se parlaient en attendant leur train. Désormais, chacun a ses oreillettes branchées ; un père de famille téléphone à sa femme pour lui dire qu'il arrivera à telle heure, puis il demande qu'on lui passe chacun des enfants ; il parle fort pour que chacun sache bien qu'il se préoccupe de sa progéniture. À ses côtés, un entrepreneur discute d'un contrat. Des jeunes écoutent de la musique tellement fort que tout le monde profite du son qui sort des écouteurs. D'où un brouhaha sans aucun véritable échange.

L'overdose d'informations nous vole du temps et il est de plus en plus difficile de s'isoler. Saturés, certains ont envie de marquer une pause pour se détacher de l'agitation du monde et se brancher sur leurs états d'âme. Désormais, le luxe c'est le vide : vide de sons, d'informations, d'images. On rêve de se retirer loin de tout, sans téléphone portable, sans baladeur, sans ordinateur connecté. À l'inverse, d'autres tombent dans le piège de la « cyberdépendance ».

---

1. Keru, robot virtuel, cité dans *Le Monde 2*, 2 décembre 2006.

La cyberdépendance

La facilité apparente des échanges virtuels a permis le développement de nouvelles pathologies. C'est ainsi que la pédopsychiatre Marie-Christine Mouren-Siméoni a fait en 2006 une présentation devant l'Académie de médecine, expliquant qu'un nombre croissant de jeunes enfants et de préadolescents refusent d'aller à l'école. Cette phobie scolaire pourrait être liée à une angoisse de séparation d'avec la mère, ou encore à la crainte des moqueries ou des critiques de la part des enseignants ou des camarades, à une peur de la pression ou de la violence scolaires. Mais ces troubles sont surtout confortés par les parents qui installent l'enfant dans son refus, en lui organisant une vie faite d'Internet, de jeux vidéo, d'animaux de compagnie et de cours par correspondance.

C'est ainsi qu'au Japon, des centaines de milliers de jeunes vivent enfermés chez eux. On les appelle des *hikikomori*, ou « enfants socialement exclus ». Ils représenteraient actuellement 1 % de la population japonaise. Par peur de se confronter à la réalité, ces jeunes, âgés le plus souvent de 20 à 30 ans, se réfugient dans un univers enfantin, virtuel, alimenté par Internet, les jeux vidéo, les mangas… Ils essaient de tout faire sans sortir de chez eux, ce qui est possible grâce à Internet. Leur sexualité se réduit à fantasmer sur des jeux vidéo ou sur des films pornos. Quand ils sortent, c'est la nuit, dans une rue déserte, pour aller au distributeur de boissons ou de nourriture, pour éviter tout contact humain.

Le phénomène des *hikikomori* ne se limite pas au Japon, il existe dans tous les pays développés :

> Arnault, enfant très brillant, élevé par une mère célibataire informaticienne, a petit à petit désinvesti sa scolarité jusqu'à l'interrompre complètement peu avant le

bac. Depuis deux ans, il est à la maison et ne fait pas grand-chose. Dans la journée, il dort, ne se levant qu'en fin d'après-midi pour se servir dans le réfrigérateur familial. À peine réveillé, il se connecte, il *chatte*, joue, échange, télécharge de la musique, des films, des vidéos.

Sa mère a tenté de lui inculquer quelques règles de vie collective, mais c'est peine perdue. Pour obtenir qu'il participe au moins au repas du soir, elle a mis une clef sur la porte de la cuisine, mais Arnault préfère s'acheter un sandwich à la cafétéria voisine.

Il est facile de devenir accro aux *chats* et aux rencontres sur Internet. Il s'agit d'une conduite addictive comparable à celle des joueurs pathologiques ou des acheteurs compulsifs, qui entraîne des troubles tels que de l'anxiété, de l'insomnie et des difficultés à se concentrer en cas de manque. Ces *cyberaddicts* sont incapables de réfréner leur besoin impérieux de se connecter et sont amenées petit à petit à augmenter le temps passé sur des sites. Cela crée un manque de temps pour le reste de la vie sociale, la famille, les amis, les loisirs, et aussi un empiètement sur la vie professionnelle, car ces cyberdrogués passent leurs soirées et leurs week-ends enfermés face à leur ordinateur.

Après le décès de son mari des suites d'une longue maladie, Annie, 43 ans, s'est inscrite immédiatement sur plusieurs sites de rencontres. Pendant deux ans, après son travail, elle rentrait le plus vite possible pour *chatter*. Elle sortait tous les soirs avec des inconnus et, à son retour, elle se reconnectait. Parfois, elle allait directement travailler après une nuit blanche. Évidemment, elle n'était plus très performante. Complètement dépendante d'Internet, elle en oubliait de manger et de s'occuper de sa maison.

Mais sur Internet on peut faire de mauvaises rencontres et, un jour, un homme avec qui elle correspondait a envoyé à l'entreprise d'Annie les mails échangés avec elle pendants ses heures de travail. Puis un autre a envoyé à sa secrétaire le contenu des dialogues érotiques échangés. Une autre personne, dont elle ne sait si c'est un homme ou une femme, s'est saisie de son pseudo pour parler en son nom dans des *chats* et diffuser son numéro de téléphone. C'est ainsi que des hommes lui ont téléphoné pensant avoir rendez-vous avec elle. Ce n'est que lorsqu'Annie a eu de graves ennuis à son travail qu'elle a réagi et a accepté de consulter.

Elle présentait une « manie de deuil », ce qui est un équivalent dépressif. Habituellement, le deuil entraîne une humeur triste, douloureuse, ainsi qu'une perte d'intérêt pour le monde extérieur, une inhibition de toute activité et parfois de la culpabilité. Dans le cas d'Annie, elle a connu au contraire un état d'intense excitation, avec une réduction du besoin de sommeil, une agitation psychique, une hyperactivité, de l'impulsivité, des dépenses inconsidérées ainsi que des conduites sexuelles inconséquentes.

Pendant toute la maladie de son mari, elle s'était dévouée sans compter, mais elle se culpabilisait de n'avoir pas pu l'apaiser pendant ses derniers jours. N'ayant jamais vécu seule, son décès la laissa désemparée, isolée. Elle avait l'impression d'être morte à l'intérieur d'elle-même, et son agitation n'était qu'une défense pour ne pas sombrer dans la dépression.

Internet peut également favoriser des formes d'agression inédites :

« Une femme accusée d'usurpation d'identité sur Meetic.fr et sur l'espace de rencontres de feu Wanadoo, a été condamnée par le TGI de Carcassonne, Aude.

> L'internaute a été condamnée le 16 juin 2006 pour "violences volontaires avec préméditation". Celle-ci utilisait l'ordinateur de son directeur pour communiquer sous différents pseudonymes tout en se faisant passer pour sa collègue, décrite comme une "femme facile désireuse d'avoir des relations sexuelles". L'indélicate n'a pas hésité à divulguer sur ces espaces de rencontres les coordonnées de sa victime. Cette dernière n'a pas tardé à recevoir de nombreux messages d'individus pressés de faire sa connaissance. Choquée, l'infortunée a obtenu un arrêt maladie de dix jours et déposé plainte[1]. »

Ce type de comportement déviant, combinant Internet et sexualité, ne s'explique pas seulement par les facilités de la communication en ligne. Il est aussi symptomatique de l'hypersexualisation de la société moderne, qui entretient une singulière alliance avec le Web…

Une société onaniste

Dans une ère de perpétuelle provocation érotique marquée par la chute des interdits, sous prétexte d'amélioration du plaisir sont apparues de nouvelles normes autour de la performance sexuelle. Pour être bien dans sa peau, il faudrait augmenter le nombre de ses partenaires et la fréquence des rapports et, comme une sexualité dite « normale » n'est plus assez excitante, il faut essayer des pratiques sexuelles différentes, et tout oser : l'échangisme, les perversions « soft », l'usage des gadgets sexuels… Notre époque voit une

1. Ariane BEKY, « Meetic : une internaute est condamnée pour usurpation d'identité », www.neteco.com, 26 juin 2006.

augmentation du sexe oral ainsi que des pratiques masturbatoires, ce que certains ont appelé la « sexualité plastique[1] ».

Les enfants apprennent de plus en plus tôt la dimension technique et mécanique de l'acte sexuel à travers des films pornos et Internet. On leur enseigne à jouir sans entrave, mais aussi sans désir, car, avec la fin de la transgression ont disparu l'érotisme et le désir. Sous la pression des marques de mode et des journaux pour adolescentes, les jeunes filles apprennent à séduire par la mise en valeur sexuelle de leur être, comme l'expliquent les sociologues canadiens Richard Poulin et Amélie Laprade : « Elles sont transformées en objets de désir, alors qu'elles n'ont pas encore les moyens d'être sujets de désir. Elles deviennent prisonnières du regard de l'autre pour exister. Les fillettes s'exposent et se forgent une idée de la sexualité et de l'amour centrée sur le sexe et la consommation[2]. »

On rencontre actuellement de plus en plus d'addictions sexuelles chez les jeunes hommes, mais aussi, ce qui est nouveau, chez les jeunes femmes. Une sexualité compulsive prend le relais des troubles des conduites alimentaires comme l'anorexie et la boulimie. Ces changements, ayant été valorisés par les journaux féminins comme étant un acquis de la libération sexuelle, ont été plus prononcés chez les femmes, qui ont très vite rattrapé leur retard.

> Gloria, la cinquantaine aguicheuse, est artiste et fréquente la jetset. Mariée, elle partage un très grand appartement avec son mari, souvent absent en raison de ses activités professionnelles, et son fils, jeune adulte qui

1. Anthony GIDDENS, *La Transformation de l'intimité. Sexualité, amour et érotisme dans les sociétés modernes*, Le Rouergue, Rodez/Chambon, 2004.
2. Richard POULIN et Amélie LAPRADE, *Hypersexualisation, érotisation et pornographie chez les jeunes*, http://sisyphe.org/, 7 mars 2006.

> poursuit de vagues études. Avec son mari, elle dit qu'entre eux c'est fini depuis longtemps, mais qu'ils ont fait un accord pour maintenir une apparence de couple. Elle déclare d'emblée que l'essentiel dans la vie pour elle, c'est d'avoir du « bon sexe » – de façon très appropriée, elle ne dit pas « faire l'amour » –, mais qu'en se moment, cela marche moins bien et c'est pour cela qu'elle consulte. Les hommes, il les lui faut jeunes et virils, mais, malgré cela, elle ne peut obtenir de fortes jouissances qu'avec de l'ecstasy. Mais elle a besoin de doses de plus en plus importantes, et ce n'est plus suffisant pour la combler.

Certains vont chercher l'excitation et le désir du côté des transformations du corps, de la pornographie ou des expériences extrêmes, mais il s'agit alors de chair et non d'une relation amoureuse. Malgré tout, la plupart des femmes restent réticentes à la pornographie, sans doute parce que la femme y est soumise, asservie, et qu'à ce titre elle constitue un équivalent de violence sexiste.

En réaction à ce discours dominant sur la sexualité, nos contemporains sont de plus en plus nombreux à vivre des histoires sexuelles uniquement sur Internet. Ce n'est pas pour rien que 70 % du contenu du Web concerneraient le sexe et que 25 % de la recherche en ligne soient dirigés vers des sites au contenu pornographique. Selon des pédopsychiatres américains, 42 % des jeunes utilisateurs d'Internet, âgés de 10 à 17 ans, déclaraient en 2005 avoir été exposés à de la pornographie sans l'avoir désiré[1], ce qui influe sur leurs comportements sexuels ultérieurs. Certains hommes ayant

---

1. Janis WOLAK et *alii*, « Unwanted and wanted exposure to online pornography in a national sample of youth internet users », *Pediatrics*, nº 119, 2007.

peur du sexe préfèrent consommer solitairement et virtuellement de la pornographie et rêver à des performances inatteignables, plutôt que d'affronter un échec avec une femme.

> Gisèle, 38 ans, consulte, car elle a découvert tout à fait par hasard que son mari passe tout son temps libre sur des sites pornographiques et des forums à caractère sexuel. Infirmière, elle a des horaires très lourds, tandis que son mari est au chômage. Alors qu'elle fait une recherche sur l'ordinateur de la maison, elle découvre un historique de dialogues sexuels avec plusieurs femmes. Son mari a même envoyé à l'une d'elles sa photo en érection.
>
> Lorsqu'elle lui en parle, il avoue le faire régulièrement et depuis longtemps. Il en a un peu honte, mais il pense que c'est banal, que tous les hommes le font, que ce n'est pas grave puisque leur vie sexuelle par ailleurs est normale. Gisèle est sous le choc et ne sait quelle attitude tenir. Elle ne veut pas se séparer de son mari, mais elle n'a plus confiance en lui.

Internet constitue un immense sex-shop où on peut se rendre discrètement à toute heure du jour et de la nuit. Parfois se développe une addiction qui amène à se connecter aux sites de sexe jusque sur le lieu de travail. Leurs responsables ne se trompent d'ailleurs pas en envoyant des spams pornographiques aux adresses professionnelles. Le virtuel sert de support à l'excitation, ce qui permet le désir sans les désagréments du corps. Aux États-Unis, le cybersexe est même présenté comme un préservatif technologique. Dans une société onaniste, le corps n'est pas là, il est devenu virtuel. Pour le sociologue David Le Breton, le corps est « de plus en plus vécu comme un membre surnuméraire qu'il faudrait supprimer[1] ».

1. David Le Breton, *L'Adieu au corps*, Métailié, Paris, 1999.

Mais toutes ces évolutions qui poussent, dans les pays riches, à une forme de solitude immergée dans le virtuel ne peuvent se comprendre sans prendre en compte plus précisément le cadre plus global que nous avons déjà évoqué : celui de la représentation dominante d'une société d'abondance où priment l'individu, la consommation et le narcissisme.

8
L'EMPRISE DE LA CONSOMMATION ET DU NARCISSISME

> « Il y a désir de ce qui manque, il n'y a pas désir de ce qui ne manque pas. »
>
> SOCRATE.

L'isolement que chacun rencontre dans sa vie privée n'est que le reflet de l'individualisme qui prévaut de longue date, la révolution numérique n'ayant fait que le renforcer en démultipliant ses moyens d'expression. Chacun tente tant bien que mal de colmater la solitude qu'engendre le monde moderne, en se plongeant dans des satisfactions instantanées, des solutions immédiates ne nécessitant aucun effort prolongé ou en essayant de l'oublier par la prise de produits psychoactifs.

L'individu sérialisé, centre du monde

L'individu est au centre de notre monde, mais il y est seul, car il n'est qu'un pion dans une multitude de mêmes, un « individu sérialisé[1] ». Dans un monde où nous ne

1. Miguel BENASAYAG, *Le Mythe de l'individu*, La Découverte, Paris, 1998.

sommes que des clones, chacun aspire à être unique, mais comme c'est rarement réalisable dans la vie professionnelle, on espère être au moins irremplaçable, non substituable, au niveau du couple. Dès 1950, dans son fameux livre *La Foule solitaire*, le sociologue américain David Riesman avait pointé le phénomène par une pertinente comparaison : « Dans le vocabulaire des économistes, la "différenciation des produits" désigne l'effort que fait une firme pour singulariser ses produits, non par le prix de vente, mais par de légères différences, cependant suffisantes – en partie grâce à la publicité – pour dégager le produit de la concurrence directe d'articles par ailleurs similaires[1]. »

Cela vaut toujours pour les hommes et les femmes d'aujourd'hui : que ce soit au travail ou sur un site de rencontres, comment se démarquer du lot, comment faire valoir sa spécificité ? D'un côté, la société donne une grande importance à la singularité du sujet ; et, de l'autre, la pensée s'est normalisée : il faut penser comme les autres, appartenir à un réseau, ne pas sortir du troupeau. C'est particulièrement vrai dans le monde du travail, où l'on tient un double langage, proposant à chacun d'exprimer sa personnalité, tout en obligeant les salariés à rentrer dans le moule. Mais c'est vrai également sur les sites de rencontres, où les postulants doivent afficher une singularité pour se distinguer de tous les autres, tout en étant conformes aux critères de la demande.

C'est parce que nous craignons l'altérité que nous mettons en place des communautés de similarités. Nous nous regroupons avec des semblables qui pensent la même chose que nous : c'est l'assurance d'une absence de conflits, mais

1. David RIESMAN, *La Foule solitaire. Anatomie de la société moderne*, Arthaud, Paris, 1964.

aussi l'éviction de toute vraie discussion et donc de toute possibilité de progresser en confrontant ses idées à celles des autres. D'ailleurs, on parle de « communautés », mais ce ne sont que des sous-groupes (minorités sexuelles, ethniques, musicales, etc.) qui sont là pour nous donner l'illusion de la différence, alors que, dans la réalité, il faut surtout du même, de l'identique. Du coup, il n'existe plus de grands groupes ouverts, mais une multitude de petits groupes qui se reconnaissent entre eux et qui excluent les autres. On le voit avec les adolescents qui se déplacent en bande, écoutant la même musique, s'habillant de la même façon.

L'individu contemporain appartient à des réseaux multiples entre lesquels il « zappe » et dans lesquels il ne s'investit que partiellement. Mais, à force de naviguer d'un réseau à un autre, il risque de ne se sentir bien nulle part, parce qu'il ne s'est engagé dans rien. Il multiplie les bulles relationnelles – amis, amants, enfants –, évitant ainsi de s'inscrire dans une authentique vie sociale. Une tendance qu'accentue la pression des préconisations médiatiques invitant à s'inscrire dans les définitions des « tribus consommatrices » définies par les « média-planneurs » de la publicité, travaillant pour les grands groupes producteurs de biens de consommation.

Consommer pour exister…

Car de nos jours, pour être reconnu, il ne suffit pas d'exister, il faut consommer : un individu se définit d'abord par son apparence extérieure et par la qualité et la quantité de ses possessions. Nombre de journaux féminins cherchent ainsi à « vendre » à leurs lectrices des objets de séduction –

vêtements, parfums, crèmes de beauté… De même, quotidiens et hebdomadaires grand public font la promotion de gadgets dernier cri, de voyages et de films, du « toujours plus » pour remplir notre vie…

Mais tout cela est loin de nous combler et, malgré un meilleur niveau de vie et les outils modernes de communication, il y a toujours autant de mal à l'âme et encore plus d'isolement. Pour le philosophe Gilles Lipovetsky, ce seraient les frustrations qui amèneraient les individus à consommer autant : « Plus se multiplient les désappointements et frustrations de la vie privée, plus le consumérisme se déchaîne comme consolation, satisfaction compensatoire, moyen de se remonter le moral[1]. » Mais ne serait-ce pas plutôt parce que la consommation ne les comble pas que les individus sont frustrés ? Quand le désir se cantonne à la possession de biens matériels, il en faut toujours plus, ce qui engendre une dépendance, car ce « toujours plus » ne sera jamais satisfaisant.

Par peur du vide, et de l'angoisse qu'il peut produire, nous nous agitons, nous courons d'une activité à l'autre sans nous laisser la moindre pause. Ce qui ne manque pas d'évoquer La Bruyère, qui écrivait déjà en 1688 : « Tout notre mal vient de ne pouvoir être seuls : de là le jeu, le luxe, la dissipation, le vin, l'ignorance, la médisance, l'envie, l'oubli de soi-même et de Dieu[2]. » Il nous faut échanger, avoir toujours du monde autour de nous, de crainte d'être confrontés à notre propre image. Cette quête incessante de communication, de consommation, d'activités, de plaisirs nouveaux est destinée à nous éviter de voir la vacuité de nos existences.

---

1. Gilles LIPOVETSKY, *La Société de déception*, Textuel, Paris, 2006.
2. LA BRUYÈRE, *Les Caractères*, chapitre X : « De l'homme », De Gigord, Paris, 1914.

Mais, paradoxalement, ce temps plein à ras bord nous place, avec le recul, devant un vide encore plus grand. Irène, 53 ans, psychologue :

> Pourquoi tant étudier, tant travailler, s'escrimer à faire du sport pour rester en forme ? Je ne suis pas mieux que ma mère. Quand je me regarde, je vois son désintérêt pour la vie. Je sais que ce n'est pas en m'étourdissant dans l'action que je serai vivante. Il me faut me poser là pour écouter la terre, regarder les étoiles, sans craindre la non-vie, sans craindre la mort.

Avec l'accélération du temps, avec l'impatience de notre époque, nous manquons d'espace libre pour rêver. Les enfants sont élevés avec un planning d'activités chargé. En plus de l'école et des devoirs, ils doivent faire du sport, de la musique, des activités artistiques. Quand la vie sociale est épuisante arrive la tentation de se retirer de l'agitation du monde, de renoncer à la performance, de cesser de vouloir être ce que les autres attendent de vous, de « baisser les bras » en quelque sorte et d'être seulement ce que l'on est, pas plus, pas moins. C'est sans doute ce qui explique en partie le désir qu'ont beaucoup de gens de cesser de travailler avant l'âge de la retraite, et de se « retirer » à la campagne.

L'injonction du bonheur

Mais la pression de la consommation n'est pas tout. Dans l'ère de la séduction obligatoire, ce qui fait exister, c'est aussi le regard de l'autre. Éric, 43 ans, publicitaire :

> Je suis tellement attentif au regard de l'autre que je n'ai plus d'espace pour penser. Je me définis uniquement

> par la place que me donnent les femmes. Je n'arrive pas à vivre seul, c'est-à-dire sans une femme dans ma vie. Quand l'une s'éloigne, je panique et il m'en faut vite une autre pour la remplacer.

Que ce soit pour chercher un emploi ou pour chercher l'âme sœur, il faut veiller à son image. Il faut être beau, en forme, souriant, détendu, heureux… Ou, à défaut d'être heureux, il faut en donner l'apparence, sous peine de passer pour un médiocre et un laissé-pour-compte. Le bonheur est devenu une injonction de notre époque, comme si ne pas être heureux était l'indice d'une maladie suspecte, et que le malheur, quelle qu'en soit l'origine, correspondait à un échec personnel.

Réussir sa vie professionnelle avec le risque de perdre son emploi, réussir son couple avec les ruptures qui vont immanquablement advenir, élever correctement des enfants qui n'en font qu'à leur tête, tout cela est source de doute, d'inquiétude, qu'il ne faut surtout pas montrer. Mais comment trouver un emploi quand on n'a pas l'air suffisamment battant, comment rencontrer un partenaire si on a l'air déprimé ? Il faut feindre, se montrer accueillant quand on est fatigué, sourire quand on a envie de râler. On développe ainsi un « faux self » adaptatif, qui amène les personnes à perdre le contact avec leurs véritables sentiments intérieurs et à vivre une existence dépourvue d'authenticité.

Beaucoup pensent qu'ils ne sont rien s'ils ne sont pas les meilleurs, et la modernité peut les inciter à croire à leur toute puissance : les progrès de la médecine permettent de faire un enfant presque quand on veut, la chirurgie esthétique peut réparer les imperfections du corps, on peut espérer devenir plus performant grâce à des produits psychoactifs et, grâce à Internet, on espère rencontrer celui ou celle, fait sur mesure, qui apportera un avenir rêvé. La publicité et les médias incitent l'individu à rêver d'une réussite extraordinaire : c'est *Star Academy* qui fabrique en quelques semaines une vedette de la chanson. Avec ces émissions qui encouragent les aspirations grandioses, ceux qui ne réussissent pas se sentent encore plus frustrés et défaillants. Et, à défaut d'être eux-mêmes grandioses, ils portent au pinacle un héros qu'ils sont prêts à rejeter violemment si celui-ci déçoit.

Les injonctions de notre époque – soyez beaux, riches et performants – ont rendu insupportable l'échec et la privation. Les hommes viennent consulter pour des difficultés liées à l'impuissance, à la peur de « ne pas y arriver » ou « de ne pas être à la hauteur » ; ils ont l'impression qu'une charge trop lourde pèse sur leurs épaules, et ils oscillent entre l'insuffisance, la carence dépressive ou au contraire la quête effrénée de plaisir. Selon le sociologue Alain Ehrenberg, de nos jours, les hommes sont confrontés à une maladie de la responsabilité, dans laquelle domine le sentiment d'impuissance : « L'homme est confronté à une pathologie de l'insuffisance plus qu'à une maladie de la faute[1]. »

Pour faire face à ces contraintes et rester dans la compétition, beaucoup recourent aux produits psychoactifs. Certains prennent des cocktails vitaminés au réveil ou, si la journée s'annonce difficile, des excitants de plus longue durée ; puis, en rentrant le soir, quelque chose pour se détendre, et enfin un somnifère pour dormir. On peut de cette façon s'installer dans la dépendance : l'addiction est un moyen de lutter contre la dépression, mais elle permet aussi

1. Alain EHRENBERG, *La Fatigue d'être soi*, Odile Jacob, Paris, 1998.

d'éviter les conflits et de les remplacer par des comportements compulsifs. On voit ainsi fleurir les pathologies addictives, qui amènent à rechercher des sensations fortes à travers l'alcool, le jeu, les drogues, le sexe ou certains modes pervers de relations amoureuses.

Et à la moindre défaillance, on a recours aux anxiolytiques ou aux antidépresseurs. Freud l'affirmait déjà : « La vie telle qu'elle nous est imposée est trop dure pour nous ; elle nous apporte trop de douleurs, de déceptions, de tâches insolubles. Pour la supporter, nous ne pouvons pas nous passer de remèdes sédatifs. Ces remèdes, il en est de trois sortes : de puissantes diversions qui nous permettent de faire peu de cas de notre misère, des satisfactions substitutives qui la diminuent, des stupéfiants qui nous y rendent insensibles[1]. »

Banalisation de la perversion et fragilité narcissique

Ces tentations, qui étaient celles d'une partie de la bourgeoisie européenne du début du XXe siècle, se sont aujourd'hui étendues au plus grand nombre. Car, dans un monde d'apparence, ce qui importe, ce n'est pas ce que l'on est, mais ce que l'on donne à voir, ce ne sont pas les conséquences lointaines de nos actes, mais les résultats immédiats et apparents. C'est la raison majeure qui explique la banalisation de la perversion : dans tous les domaines s'affirme la tendance à traiter l'autre comme un objet dont on se sert tant qu'il est utile, et que l'on jette dès qu'il ne convient plus. Selon le psychanalyste Charles Melman, qui parle

1. Sigmund FREUD, *Le Malaise dans la culture*, PUF, Paris, 2002.

d'une « nouvelle économie psychique », la perversion serait même devenue une norme sociale[1].

De fait, nous assistons actuellement à une nette augmentation des pathologies narcissiques, car ce type de personnalité est hyperadapté au monde moderne. Ces changements de l'individu moyen sont le reflet des mutations induites par la vie des entreprises et la guerre économique : conditionné par le mythe de l'*Homo œconomicus* engagé dans la « lutte pour la vie » contre les autres, il tend à être impulsif, toujours dans l'agir ; il manque d'intériorité et reste dans des relations ludiques, superficielles. Ces individus cultivent cette superficialité qui les protège dans les relations affectives et évitent tout engagement intime, ce qui les maintient dans une insécurité affective dont ils se plaignent. Ils cherchent un sens à leur vie et tentent à tout prix, même aux dépens de l'autre, à combler leur vide intérieur.

Les psychiatres de ma génération ont pu constater ce passage des états névrotiques décrits par Freud à des pathologies du caractère. Malheureusement, sous le prétexte de la fidélité à Freud, nombre de psychanalystes continuent aujourd'hui, comme si la société n'avait pas changé, à attribuer les difficultés humaines à des refoulements de pulsions et se révèlent impuissants à aider ces personnes. La psychanalyse s'était développée à partir de cas d'individus moralement rigides avec un surmoi fort ; mais, aujourd'hui, l'effondrement de l'autorité a fait disparaître un grand nombre d'interdits externes qui venaient soutenir le surmoi dans sa lutte contre les pulsions inquiétantes.

Nos patients ne viennent donc plus avec des symptômes directement repérables, mais plutôt pour se plaindre de la

1. Charles MELMAN, *L'Homme sans gravité. Entretiens avec Jean-Pierre Lebrun*, Denoël, Paris, 2002.

dureté du monde extérieur. Au lieu d'exprimer une vraie interrogation sur l'origine de leur souffrance, ils nous demandent plutôt de « réparer leur machine », afin qu'elle fonctionne mieux. Sur le plan psychique, ils sont devenus insensibles, parlent d'un sentiment persistant de vide qu'ils ne cherchent pas à analyser : ils attendent simplement que nous trouvions des solutions à ce malaise – comme on demande à son médecin de prescrire les médicaments stabilisateurs du diabète ou de l'hypertension.

C'est la fin de l'épaisseur, de la profondeur des sentiments. Tout est superficiel, à fleur de peau. La moindre remarque entraîne des réactions épidermiques. L'importance donnée à sa propre image entraîne une fragilité narcissique qui amène certains à s'écrouler à la moindre critique d'un supérieur hiérarchique ou d'un ami. De plus en plus de personnes se sentent mal comprises, rejetées, et toute critique est vécue comme une agression. Ce sentiment de persécution reflète bien la porosité des enveloppes corporelles et psychiques de ces personnes : il témoigne qu'elles n'ont pas pu établir dans leur enfance des barrières de protection leur garantissant un moi autonome ; il leur faut donc se protéger de toute intrusion du dehors et se différencier des autres.

C'est sa fragilité narcissique qui empêche un individu pervers de voir l'autre comme un sujet et de compatir à sa souffrance. Et c'est aussi ce qui le pousse à s'affirmer en harcelant les autres ou en leur pourrissant la vie. Même si tous les individus narcissiques ne sont pas pervers, on constate bien une banalisation des comportements pervers : on attache de moins en moins d'importance à l'autre et on se déresponsabilise. En cas de problème, on ne se remet pas en question, on en attribue la responsabilité à un tiers.

Les fausses recettes de l'« estime de soi »

Tous se protègent… Et, à côté de la perversion, parmi les pathologies narcissiques, j'ai pu constater que les psychothérapeutes ont de plus en plus souvent affaire à des patients « alexithymiques ». « L'alexithymie, explique le psychiatre et psychanalyste Maurice Corcos, est un néologisme créé en 1972, [qui] signifie, étymologiquement, l'incapacité à exprimer ses émotions par des mots (*a* privatif – *lexis*, mots – *thymie*, humeur, émotions)[1]. » Ces patients ont une pensée à contenu pragmatique, s'exprimant d'une façon descriptive, abordant plus volontiers les aspects triviaux des événements vécus que leur ressenti face à ces événements ; et ils ont souvent recours à l'action irréfléchie pour éviter les conflits.

L'alexithymie correspond à un mécanisme de défense par insensibilité : celles et ceux qui manifestent ce symptôme n'expriment pas leurs émotions, mais ils n'ont pas non plus la capacité de percevoir les émotions des autres, d'être en empathie avec eux. Ils sont seuls, mais cela leur importe peu. Selon certains spécialistes, ce mode de fonctionnement serait la conséquence d'expériences traumatiques, fruit non pas d'événements graves, mais plutôt de traumas dans l'infraordinaire, le banal, le quotidien[2].

Y contribuent sans doute les frustrations éprouvées par celles et ceux qui avaient cru aux promesses des politiques, des médias ou de la publicité, donnant à croire qu'ils pourraient

1. Maurice CORCOS, « Mise au point sur l'alexithymie », *Le Blog de Dominique Autié*, http://blog-dominique.autie.intexte.net/blogs/index.php/all?cat=16, 13 juillet 2005.

2. Maurice CORCOS, Olivier GUILBAUD et Gwenolé LOAS, « Métapsychologie de l'alexithymie dans les addictions », *Neuropsy News*, vol. 6, nº 2, mars-avril 2007.

satisfaire l'ensemble de leurs désirs. Ces frustré(e)s, qui n'ont pas compris que, pour grandir et devenir autonome, il fallait renoncer à la satisfaction de tous leurs désirs, se poseront ensuite en victimes, et certain(e)s réclameront même en justice des compensations financières pour réparation du dommage de n'avoir pas été comblé.

Cette évolution aide à comprendre pourquoi les demandes d'aide psychologique ont beaucoup changé : on ne demande plus à une thérapie de permettre de mieux se connaître, mais beaucoup plus d'aider à lutter contre l'inconfort du présent. La psychanalyse a ainsi été progressivement supplantée par les thérapies brèves et en particulier par les thérapies cognitivo-comportementales, qui proposent aux patients des solutions rapides pour résoudre les symptômes les empêchant d'accéder au bonheur auquel ils estiment avoir droit. Désormais, les psychothérapies doivent être courtes et sans effort, et leurs objectifs sont surtout la suppression des inhibitions, la gratification immédiate des pulsions, la solution rapide du malaise intérieur. Quelles que soient les méthodes de ces conseillers, leurs recommandations consistent à augmenter l'« estime de soi » et à diminuer la dépendance à l'égard des autres. Ce qui revient à préconiser encore plus de narcissisme et encore moins d'engagement. C'est un pas de plus dans la guerre des ego.

Le coaching et les nouvelles thérapies ne visent ainsi qu'à rassurer la personne sur sa valeur, en l'aidant à combler ses besoins affectifs. Ils n'apprennent pas à subordonner ses besoins et ses intérêts à ceux d'autrui. L'objectif du coaching est, au départ, d'accompagner une personne pour lui permettre de « développer son potentiel » : on promet à chacun d'être plus « performant », sans passer par de longues années d'apprentissage ou de thérapie. Il s'agit de s'adapter aux travers de notre société, en évitant toute remise en question trop dérangeante.

Par exemple, dans un monde de manipulateurs, apprenez à contre-manipuler ; ou bien, si vous vous désespérez de votre solitude, on vous donne des recettes pour être plus efficace techniquement dans vos rencontres. Il s'agit alors d'un cours de relooking affectif, pour apprendre à donner une meilleure image de soi-même. Beaucoup attendent aussi d'une psychothérapie qu'elle vienne aplanir leur spécificité pour leur permettre de s'intégrer dans un groupe. À travers ces méthodes rapides, on apprend à s'aimer suffisamment soi-même pour n'avoir plus besoin des autres, même si, pour s'estimer, on a quand même besoin du regard approbateur de l'autre.

Partout, on nous parle d'estime de soi. Mais, fasciné par son propre corps, l'homme est confronté à sa propre impuissance. Il fait de lui-même sa propre idole, un objet de jouissance. Pourtant, un vrai travail thérapeutique devrait nous amener à nous accepter simplement comme des humains imparfaits et fragiles, à admettre que nous ne sommes pas des surhommes. Mais la plupart des nouvelles thérapies nous encouragent dans l'illusion de la facilité du « toujours plus ». Alors qu'il faut du courage pour oser accepter ses vulnérabilités, ses fragilités – et ne pas avoir peur de la dépression éventuelle, pour mieux rebondir ensuite. Il faut accepter que nous ne sommes que des individus « moyens » et que l'important est d'abord de travailler à devenir quelqu'un de « bien ». Les thérapeutes doivent apprendre à leurs patients à se donner des objectifs réalisables car, s'ils sont trop grandioses, cela ne peut que les amener à déprimer durablement s'ils échouent.

Dans notre époque de certitudes, les médias font souvent croire que la vie pourrait être facile et sans souffrance. Mais il est impossible d'avoir une vie sans anicroches ni difficultés. À rechercher en permanence le bonheur perpétuel, sans aucune souffrance, on risque de se priver également de toute joie réelle. C'est ce que relève le neurologue Hervé Chneiweiss : « La souffrance doit-elle être en tout temps et en tout lieu bannie au nom du droit au confort personnel, à la nécessaire modération des sentiments, non seulement aux yeux des autres, mais également à ses propres yeux, au nom du droit permanent au bien-être[1] ? »

Le fait de douter et de se remettre en question, qui devrait être le signe d'une bonne santé psychique, est de moins en moins considéré comme une valeur positive. Est-ce à dire que toute interrogation propice à la réflexion et à la création, éventuellement douloureuse, devrait être proscrite ? On voit que le discours dominant laisse ainsi peu de place à la solitude choisie.

Dans la même ligne d'efficacité à moindre effort, les manuels de « développement personnel » multiplient les conseils pour gérer ses émotions, pour améliorer sa relation à autrui et « développer ses potentiels ». Les sectes profitent d'ailleurs de ce besoin de guide pour proposer toute une floraison de stages de « reconstruction personnelle » ou de formation en pseudo-psychothérapie. L'absence de repères rend en effet certains individus extrêmement manipulables : leur identité est flottante et ces personnes fragiles sont en demande d'assistance. Elles ont besoin d'être rassurées par une vérité absolue, ce qui peut les amener à devenir la proie d'un groupe sectaire.

Mais ce narcissisme de l'inquiétude, loin d'être joyeux ou libérateur, est souvent synonyme d'un repli sur soi face à la peur du monde : peur de l'autre, peur du chômage, peur des agressions, peur de la maladie, peur de la vieillesse, mais surtout peur de ne pas être « conforme ». Lorsque la

---

1. Hervé CHNEIWEISS, *Neurosciences et neuroéthique. Des cerveaux libres et heureux*, Alvik Éditions, Paris, 2006.

bonne estime de soi dépend d'abord de l'admiration que l'on inspire à autrui, l'échec ou le vieillissement entraînent tristesse et solitude. La tentation est grande alors de se replier sur soi-même ou de chercher des compensations amoureuses. Dans cette dernière voie, les sites de rencontres sur Internet, dont j'ai déjà évoqué le caractère illusoire, sont devenus un recours presque obligé, dont le succès mérite le détour.

9
Les sites de rencontres

« Excusez-moi, ce n'est pas ce que j'avais demandé. Au revoir ! »

Un Meetic boy.

En France, les premières annonces matrimoniales sont apparues à la fin du XIXe siècle, et le plus connu des journaux d'annonces était *Le Chasseur français*. Dans ces annonces, on recherchait avant tout des unions fondées sur les critères matériels. Par exemple, après la dernière guerre, de nombreuses veuves étaient prêtes à beaucoup de concessions pour trouver un mari : il s'agissait d'un arrangement pour ne pas rester seules et, si l'affection ou l'amour apparaissait, c'était en plus.

Du *Chasseur français* à Meetic

Dans les années 1980 est apparu le Minitel avec ses annonces, mais il a vite été transformé en boîte à fantasmes et les rencontres étaient surtout axées sur le sexe. Prenant la suite des petites annonces du *Nouvel Observateur*, on a vu ensuite apparaître des supermarchés de la rencontre comme les *speed dating* ou le *turbo dating*, destinés aux jeunes cadres débordés pour trouver un(e) partenaire « prêt à emballer » en une soirée. Lafayette Gourmet a même organisé des « jeudis drague » afin de trouver l'âme sœur avec un panier à provisions à la main. Les nouvelles offres de rencontre pour les solitaires urbains se sont multipliées, visant essentiellement les 20-40 ans.

> Parce qu'elle a été mutée à Paris où elle ne connaissait personne et ne rencontrait que des hommes mariés, Sarah, 32 ans, fonctionnaire, a essayé différents modes de rencontre. Elle a ainsi testé les dîners chics où on est admis après un véritable casting, les cours de cuisine pour célibataires où il n'y avait que des jeunes femmes étrangères, les voyages pour célibataires où on ne parlait que de sexe. Elle s'est lassée, résignée : « Je vois arriver le spectre d'un avenir sombre dans une solitude horrible ! »

Mais, depuis la fin des années 1990, avec Internet, il n'y a jamais eu autant de possibilités de rencontres, de multiples sites offrant, moyennant finances, le moyen de rencontrer l'âme sœur. Le marché des rencontres sur Internet est ainsi devenu une affaire florissante : créé en 2001, le site le plus connu en France, Meetic, a été introduit en Bourse en octobre 2005, avec une valorisation de… 356 millions d'euros. Présent dans treize pays européens et disponible en neuf langues, Meetic revendiquait en 2006 près de 17 millions d'inscrits depuis sa création, dont 5 millions en France. Parmi les concurrents, Match.com et netclub.com sont les plus connus. D'autres sites prennent en compte une spécificité religieuse, sexuelle ou régionale…

Alors que les personnes qui avaient recours aux agences matrimoniales s'en vantaient rarement, aller sur un site de rencontres est devenu banal et même branché. Entre amis, on s'échange les adresses des meilleurs sites. Dans notre monde d'hypercommunication, les occasions de nouer des rapports avec des individus d'autres milieux s'étant raréfiées, les rencontres par Internet viennent répondre à un besoin que la vie en société ne permet plus de satisfaire. On va sur ces sites pour faire une rencontre, et si possible établir un lien intime. L'accès aux célibataires de l'autre sexe – et aussi du même – en est théoriquement facilité.

Les sites de rencontres se vantent de rassembler des milliers de célibataires, mais leurs chiffres ne peuvent être considérés comme fiables, car ils incluent des personnes mariées (surtout des hommes) qui cherchent une aventure parallèle, d'autres qui mettent plusieurs annonces avec des pseudos différents ou qui restent inscrits mais ne fréquentent plus le site. Selon une enquête conduite en 2004 aux États-Unis sur les comportements des usagers de ces sites[1], leur profil moyen est le suivant : 25 à 45 ans, ayant fait des études universitaires, niveau de vie moyen ou supérieur. Même si 65 % des inscrits sont des hommes, les femmes constituent la moitié des membres actifs (car beaucoup d'hommes, s'ils ne reçoivent pas de réponse, renoncent sans se désinscrire). Cette enquête nous apprend également que les hommes initient 73 % des contacts et reçoivent une réponse en moyenne dans 18 % des cas. Les femmes n'initient le contact que dans 25 % des cas, mais elles reçoivent presque toujours des réponses.

Ce qui explique le succès de cette approche, c'est d'abord la simplicité et l'anonymat. Il suffit d'avoir accès à un

1. Andrew R. T. FIORE, *Romantic Regressions. An Analysis of Behavior in Online Dating Systems*, thèse de master, Massachusetts Institute of Technology, septembre 2004, www.ischool.berkeley.edu/.

ordinateur et, si possible, une connexion ADSL, ensuite on peut « jouer » ; il y a en effet un aspect ludique qui s'apparente à un flirt sans trop de risque. On va sur Internet parce que c'est facile, anonyme et économique. C'est idéal pour les timides qui ne savent pas draguer, et c'est accessible à toute heure du jour et de la nuit, on peut même *chatter* en pyjama. C'est au départ un passe-temps pour tromper sa solitude, mais très vite on peut devenir accro. Ce sont les personnes qui ont des difficultés à communiquer dans la vraie vie, avec les méthodes traditionnelles de communication, qui risquent le plus cette dépendance.

La rencontre en ligne permet un contrôle de son image, des mots, des confidences ; on évite l'émotion liée au corps et, surtout, on peut arrêter la relation à tout moment sans avoir de comptes à rendre, car tous ceux qui sont inscrits n'auront pas le courage de passer à une vraie rencontre. L'anonymat permet de cacher, aux autres comme à soi-même, ses fragilités et ses vulnérabilités. On peut se construire un personnage, devenir une image, devenir soi-même virtuel. Certains le vivent comme un jeu : « Je peux, l'espace d'une soirée, emprunter une autre identité, devenir autre. » Il existe une complicité, une connivence, sans le risque de la vraie relation. Le *chat* est ainsi souvent un jeu de libertinage avec des confidences intimes, des propos suggestifs qui peuvent conduire au cybersexe.

Au départ, les hommes étaient majoritaires sur les sites de rencontres et les femmes qui se connectaient n'avaient que l'embarras du choix. Il leur fallait seulement éviter les annonces purement sexuelles. Depuis, les choses ont changé, hommes et femmes s'y retrouvent en nombre et les femmes n'hésitent pas à mettre une annonce pour des rencontres purement sexuelles. Les rencontres par Internet réalisent une sorte d'accélération de la mise en place du couple qui, dans les rencontres traditionnelles, se faisait beaucoup plus progressivement. Sur ces sites, les femmes sont exigeantes et les hommes pressés. Ils tombent très vite amoureux et veulent rapidement un engagement de la part de la femme. Et, quand les choses ne vont pas comme ils veulent, ils disparaissent tout aussi vite.

Il suffit d'un clic

Pour trouver un partenaire, il suffit d'avoir l'élan pour s'inscrire. Ensuite, tout est très simple, trop simple. On remplit un formulaire pour se décrire brièvement et, si possible, on joint sa photo. Bien sûr, comme il n'y a, sauf sur quelques sites, aucun moyen de contrôle des données, la tentation est grande de procéder à un petit lifting pour augmenter ses chances. Les hommes mentent sur leur âge, leur profession, leur adresse (ils évitent certaines banlieues) et leur niveau culturel (ils vont tous au concert et ont vu toutes les expositions de peinture), voire sur leur situation matrimoniale. C'est l'expérience d'Emma, 34 ans, gérante d'un magasin :

> Les hommes savent arranger la réalité : un homme se disait séparé, en fait il faisait simplement chambre à part avec sa femme, un autre disait que lui et sa femme faisaient lit à part, en fait ils avaient le même lit, mais avec des matelas séparés.

Les femmes mentent également sur leur âge, leur origine sociale et leur niveau culturel. Ces mensonges institutionnalisés entraînent de la méfiance et un risque de cynisme : « Puisqu'ils trichent, je vais le faire aussi ! » En se décrivant, on a tendance à projeter un idéal de soi plus qu'une réalité, ce qui est un obstacle pour une vraie relation. Presque tous tentent de mettre en avant des valeurs d'apparence et non leurs qualités morales. Il est intéressant de voir comment beaucoup tentent de dissimuler une particularité dont ils ont honte ou bien dont ils estiment que ce sera un handicap. Toutes ces tricheries entraînent un désenchantement. C'est ainsi qu'un homme de 51 ans écrit sur sa fiche d'un site de rencontres :

> L'année se termine, l'heure du bilan, je suis toujours seul. La raison est en partie que je me suis occupé à d'autres choses que les femmes. Je pensais qu'elles méritaient mon attention, mais l'expérience des sites Internet me prouve le contraire. Mensonges perpétuels, sur votre âge, votre photo, votre « vous » aussi ; alors je suis fatigué de ces tromperies avant même la rencontre. J'ai réfléchi ; finalement je ne suis pas si mal seul, et je préfère le rester plutôt que d'affronter le manque d'honnêteté et l'hypocrisie. Je ne suis pas aigre, mais simplement lucide. Je vais continuer à bouger, sortir, faire du sport et profiter de cette vie merveilleuse qui pourtant aurait été meilleure à deux.

Une fois que le jeu est lancé, on peut théoriquement contacter des dizaines, voire des centaines de partenaires, et on peut être contacté tout autant. Devant une telle multitude, comment se démarquer des autres pour être repéré ? Chercher un(e) partenaire, c'est chronophage, car la plupart des internautes disent qu'il faudrait une ou deux heures par jour pour *chatter* et répondre aux messages. Théoriquement, on peut ainsi rencontrer des gens qu'on n'aurait jamais rencontrés autrement, mais, en fait, une présélection amène à faire un tri des personnes qui s'intéressent aux mêmes choses que vous.

Et surtout – même quand on met sa photo –, si on peut rêver, c'est que le corps est absent. Dans le mode de rencontre « à l'ancienne », l'épreuve de réalité intervenait beaucoup plus tôt : il y avait d'abord le corps, une attitude, un regard, une émotion. Il y a désormais une intimité rapide par l'échange de confidences. Le corps ne vient que bien après. Sur Internet, les contacts sont d'emblée familiers, avec un tutoiement rapide. À travers les *chats*, les échanges se font rapidement très personnels. Les plus jeunes multiplient les forums et les communications avec *webcam*, les plus âgés, moins à l'aise avec les nouvelles technologies, préfèrent de vraies rencontres plus rapidement. Beaucoup disent s'être emballés dans des échanges par mail ou par téléphone et avoir été déçus lors de la rencontre avec une personne qu'ils avaient idéalisée.

Plus on fait de rencontres, plus on va vite dans la mise en place de l'intimité : il n'y a pas de temps à perdre, il faut rationaliser. Des enquêtes ont montré que si le premier contact se passe bien, un acte sexuel peut advenir dès la première fois. Car il ne faut pas croire que l'Amour avec un grand A soit le but ultime de ces sites de rencontres : beaucoup cherchent uniquement du sexe. Il y a même de véritables chasseurs (et quelques amazones) qui multiplient les rencontres d'un soir, et qui, après avoir consommé, passent à une autre proie. L'un d'eux a raconté sur son blog comment, en un an, il a fini au lit avec vingt-sept femmes sur les cinquante-deux rencontrées grâce à Meetic : son blog est devenu un livre, où il décrit ses méthodes de chasse et ses performances[1]. Et même ceux et celles qui cherchent éventuellement une « vraie » rencontre se contentent d'une brève aventure sexuelle lorsque le contact n'est pas complètement satisfaisant. D'une façon générale, dans les contacts sur le Net, on commence par la sexualité, puis on passe éventuellement à la relation.

---

1. Nick WINGROVE, *Des souris et un homme*, Robert Laffont, Paris, 2005.

> Après un divorce et deux tentatives de couple, suivies de quatre années de solitude affective et sexuelle, Emma s'est inscrite sur un site de rencontres. Elle dit que les trois premiers mois, elle cherchait uniquement du sexe. Elle était frénétique, se connectait tous les jours et *chattait* beaucoup, rencontrait des tas d'hommes et s'amusait bien. Elle allait aussi sur des sites de discussion où on parlait d'amour et de sexe. Complexée par son excès de poids, Emma pense que si elle demandait une vraie relation, les hommes partiraient en courant : « Ce n'est pas pour moi ! »
>
> Elle n'a aucune illusion sur ce type de rencontres : « Quand on regarde ce qu'il y a sur le marché, on voit ceux qui viennent de clôturer une histoire conjugale difficile et qui n'ont pas envie de se remettre un nouveau boulet, et il y a les cavaleurs. Quand dans l'annonce un homme parle d'honnêteté, c'est qu'il est marié. » Aux hommes, Emma demande peu : du sexe et de la tendresse. Elle ne demande pas de fidélité sexuelle. « Quand un homme sait qu'on ne va pas l'envahir, il devient respectueux ! » Ce qu'elle aimerait, c'est « faire équipe » avec un homme.

La proximité entre la prise de contact et le passage à l'acte sexuel amène une banalisation du sentiment. La facilité des rencontres et la rapidité de l'intimité des corps viennent à l'encontre de l'idéalisation nécessaire à l'amplification des sentiments amoureux. On en vient tout de suite à discuter des enjeux du couple : s'installer ensemble, faire un enfant. Il n'y a pas de temps à perdre, le retour sur investissement doit être le plus rapide possible. On a placé du temps, de l'argent et des efforts pour une rencontre, il faut que ça marche vite et au moindre coût. Célia, 36 ans, célibataire :

> La première personne que j'ai rencontrée grâce à ce site de rencontres m'a énormément surprise : d'emblée, cet homme m'a dit qu'il préférait qu'on se rencontre dans un square, car il lui était arrivé de payer un verre et même une fois ou deux un dîner à des femmes avec qui cela n'avait pas marché, et cela coûtait cher. Il ne voulait plus dépenser pour rien…

Que cherche-t-on ? Une rencontre amoureuse, bien sûr, mais aussi un partenaire présentant des critères sociaux complémentaires ou une complémentarité des pratiques sexuelles. Derrière le mot « amour » se cachent en effet des réalités bien différentes : l'amour passionnel, l'amour conforme conjugal, l'amour libre, etc. Très clairement, la cote du tranquille bonheur domestique est en déclin. Beaucoup attendent le « coup de foudre », compris comme une rencontre fondée avant tout sur la sexualité. Or un couple, pour bien fonctionner, a certes besoin d'une activité sexuelle satisfaisante, mais aussi d'une admiration mutuelle, d'une bonne communication et d'un partage de pôles d'intérêts communs.

Beaucoup veulent aimer sans rien donner en échange et, bien évidemment, ils sont déçus car ils n'obtiennent pas ce dont ils avaient rêvé. Si ça ne « marche » pas comme ils l'espéraient, ils vont chercher ailleurs quelqu'un qui saura mieux les aimer, sans pour autant se remettre en question. Ils pourront ainsi rebondir d'objet en objet dans une quête infinie. L'exigence terrible de certain(e)s célibataires sur Internet est ainsi une façon de ne rencontrer personne. Beaucoup de femmes, en particulier, ne veulent pas lâcher un idéal de surhomme : « Je cherche, mais il n'existe personne à ma hauteur ! » D'autres sont dans la plainte et le rejet d'elles-mêmes : « Je ne suis pas intéressante, je suis moche ! » Ces personnes ont l'idée que lorsqu'elles auront rencontré la bonne personne, elles pourront s'arrêter, se reposer. Et, bien sûr, c'est la déception. Il leur faut « fournir » encore plus, être disponibles, séduisantes... Voici ce que dit Catherine, 62 ans, récemment divorcée :

> Je me suis inscrite sur un site de rencontres, mais je suis déjà découragée, car seuls des gros, des petits, des moches ou bien de très jeunes hommes s'intéressent à moi. Ils veulent *chatter*, mais moi je n'ai pas envie de perdre mon temps dans des échanges qui n'apportent rien. Quand j'envoie des messages à des hommes qui pourraient me plaire, personne ne mord à l'hameçon. Il faudrait être offensive pour avoir plus de contacts, mais je ne sais pas draguer, je ne sais pas séduire. Je ne suis pas en manque suffisant pour vouloir quelqu'un à tout prix.

Il arrive que nos patients se plaignent de ne rencontrer personne, alors que, s'étant fixés sur un traumatisme antérieur, ils ne sont aucunement disponibles pour un autre quel qu'il soit : ils tournent en rond autour de leur narcissisme. Pour faire une rencontre, il leur faudrait apprendre à se rendre disponible, faire le deuil du passé, tourner la page d'une séparation ou d'un divorce, se séparer de leur père ou de leur mère.

D'une certaine façon, la figure du Don Giovanni de Mozart est donc plus que jamais d'actualité. Mais il ne s'agit plus d'une longue liste de papier énonçant les mille et trois femmes séduites en Europe : c'est désormais un listing informatique regroupant des rencontres éphémères de par le monde.

Des partenaires jetables

Car, si on crée rapidement des liens avec Internet, on se détache tout aussi vite. On s'en accommode, car on comble immédiatement son vide par une nouvelle relation, tout aussi éphémère. Si la relation ne dure pas, on en attribue la responsabilité à l'autre, qui n'a pas été « conforme » à ce qu'on attendait, qui n'a pas « donné satisfaction ». Le danger de ce type de rencontres est d'accentuer une des caractéristiques de notre époque de l'utilitaire et de l'éphémère : on risque de complètement instrumentaliser l'autre, de le placer en objet dont on jouit tant qu'il est utile et que l'on jette dès qu'il a cessé de plaire ou d'être rentable. C'est ainsi qu'une de mes patientes s'est sentie particulièrement humiliée quand, lors d'un premier rendez-vous avec un homme contacté sur un site de rencontres, celui-ci lui dit : « Excusez-moi, ce n'est pas ce que j'avais demandé ! Au revoir. »

En cas de défaillance, on change d'objet. La disponibilité théorique de centaines, voire de milliers, d'autres partenaires permet ainsi de donner corps à un fantasme de toute-puissance, puisqu'il suffit de cliquer pour trouver autant d'hommes ou de femmes prêts à donner leur amour. Comme on peut penser que la prochaine rencontre sera la « bonne », à la moindre difficulté dans l'établissement de la relation, il peut être tentant de renoncer, d'arrêter tout pour recommencer à zéro avec quelqu'un d'autre. Dans une relation virtuelle, il est facile de se désengager, on peut toujours appuyer sur la touche « supprimer ». On ne fait pas l'effort de construire une relation, avec toutes les difficultés que cela implique. C'est l'aveu d'Émilie, 31 ans :

> À chaque fois que je rencontre un homme, dès que je m'aperçois qu'il ne correspond pas à mes attentes, je romps. Ensuite, je le regrette et j'ai la nostalgie de ce qu'on aurait pu faire ensemble.

Dans ce mode de rencontre, le choix conscient est au premier plan : je cherche un homme grand, riche, profession libérale ; ou une femme petite, blonde, raffinée… Mais c'est pour mieux masquer le choix inconscient. Une difficulté loin d'être résolue par les nouveaux sites, comme Ulteem – lancé par Meetic fin 2005 pour cibler les « seniors » (*sic*) de 35-50 ans –, qui proposent des tests psychologiques succincts censés permettre un ajustement des personnalités pour réaliser un « préchoix ». C'est même le contraire car, si les discordances entre ce qui est souhaité consciemment et les désirs inconscients existent dans toute rencontre, ce phénomène est accentué dans les rencontres par Internet : la relation à l'autre ne passe plus que par le crible prétendument rationnel de la « fiche de profil », éliminant toute subjectivité et entretenant l'illusion procurée par la pseudo-efficacité du fichage préalable.

On peut ainsi ne jamais s'arrêter de chercher – et nous verrons que certaines personnes, tout en poursuivant une relation, restent inscrites plusieurs années sur des sites de rencontres. En effet, s'engager signifie également fermer la porte à toutes les autres rencontres possibles, qui pourraient être beaucoup plus épanouissantes. Le danger est alors de devenir consommateur de rencontres, sans jamais s'engager véritablement dans une relation. Car beaucoup semblent avoir oublié que le véritable amour nécessite une prise de risque, un investissement gratuit, sans garantie de réussite. On dit : « Il faut que je trouve quelqu'un ! » Mais, pour faire une rencontre épanouissante, il faut une disponibilité affective : on ne peut produire de l'amour sur commande.

Construire un couple sur le long terme demande un effort. Passé la phase d'exaltation amoureuse, l'esprit critique réapparaît. Si l'on en reste à l'usage utilitariste de l'autre, l'accumulation des contrariétés conduit très vite à la rupture. Alors qu'une attitude moins fermée sur soi-même peut permettre de renforcer le lien autour de valeurs partagées ou de la mise en commun d'activités et de projets. Le couple, c'est aussi l'habitude et le confort d'être avec quelqu'un, dormir avec un corps, éprouver sa chaleur. Ce n'est pas rien, cela peut donner de l'élan pour la journée. Comme disait Léo Ferré, ce sont les mots des pauvres gens : « Tu as bien dormi ? »

Pour rencontrer l'autre, il faudrait cesser de se protéger, ne pas craindre de montrer sa vulnérabilité, savoir montrer que l'on a besoin d'être aidé ou consolé, lâcher nos certitudes et surtout nos exigences. Il faudrait accepter les surprises de l'amour. Ne dit-on pas « tomber » amoureux ? Cela implique une surprise, le fait que l'on ne s'y attendait pas. Mais, trop souvent, nous craignons de perdre nos illusions ou notre argent, d'être repoussés. Et nous préférons alors être rationnels et feindre d'être inébranlables.

On peut se perdre en multipliant les possibles. On peut aussi, tel l'âne de Buridan, être paralysé et ne plus rien choisir. Certains, fatigués d'avoir à choisir, décident ainsi plus ou moins consciemment de renoncer. C'est le paradoxe des rencontres sur Internet : prétendant faciliter les contacts, elles peuvent favoriser la réclusion et le retrait. Pour être moins seul, on s'isole encore plus devant son ordinateur, on passe des soirées à *chatter*, laissant de côté les autres activités sociales.

Une sélection draconienne

Sur les sites de rencontres, on parle essentiellement d'amour romantique, et même ceux qui pratiquent le zapping relationnel évoquent dans leurs annonces le sentiment amoureux. Mais, malgré ces discours, la recherche d'un partenaire s'y fait d'une manière pragmatique et rationnelle. Voici ce qu'écrit sur un site de rencontres un homme en difficulté professionnelle et qui cherche une femme ayant de bons revenus, dont il espère qu'elle pourra l'aider à sortir de ses difficultés matérielles :

> J'attends d'une relation homme/femme une relation fusionnelle, l'état de grâce qui fait que tout ce que l'on a vécu auparavant semble dérisoire eu égard à la vague de bonheur qui nous submerge : ne plus dormir, ne plus manger, être envahi par l'autre et aimer ça.

En vérité, la quête est celle d'une union de raison, évoquant celles d'autrefois, mais elle doit ressembler au grand amour, car les unions raisonnables apparaissent comme des lots de consolation, une façon de planifier sa vie bien éloignée du rêve de la passion amoureuse qui ferait oublier le chaos de ce monde. Les choix se font sur des critères rationnels, pratiques, voire cyniques. C'est moins une complémentarité affective et émotionnelle qui est recherchée, que pratique et sociale. Par exemple, une femme de 40 ans ayant une bonne situation cherchera un homme de situation plus modeste, qui voudra bien lui faire un enfant. Les associations se font entre personnes issues d'un même milieu social, d'un niveau culturel compatible, ou ayant des objectifs complémentaires – le loisir et le culturel sont ainsi souvent évoqués : la priorité est de pouvoir « faire des choses » ensemble, des activités de week-end, aller au cinéma, au théâtre.

Nous voulons croire à un amour désintéressé, mais toute relation présente un aspect marchand. Même si on met en avant les sentiments, il s'agit d'un échange, comme l'était autrefois l'alliance de la femme au foyer avec un homme protecteur. Mais aujourd'hui, la donne de l'échange a changé et les femmes n'y trouvent pas toujours leur compte, car les hommes ne sont plus guère protecteurs.

La sélection se fait donc selon des critères qui s'apparentent à la sélection d'un CV pour un premier entretien d'embauche. Certains ont une démarche très froide et ne s'en cachent pas : « C'est comme pour un recrutement professionnel, il faut utiliser les mêmes procédés ! » Ils proposent donc de vérifier d'abord l'état du marché, puis de rentabiliser leur investissement, car la plupart des sites sont payants pour les hommes. Il faut donc rencontrer le maximum de partenaires correspondant aux bons critères en un minimum de temps. On recherche une relation donnant/donnant, ou plutôt, comme on dit dans le monde de l'entreprise gagnant/gagnant. Voici ce que dit Laurent, 45 ans, lors de premiers échanges sur un site de rencontres par Internet :

> Vous êtes très occupée professionnellement, mais j'espère au moins que vous êtes prête à libérer un peu de temps pour la construction d'un couple !

Ce que nous pouvons traduire par : « Si tu ne renonces pas suffisamment à ton travail, ce n'est même pas la peine d'envisager une relation ! » Comme dans la vie professionnelle, l'énorme pression qui s'exerce contraint les individus à se vendre en permanence, tels des produits normés et substituables. On ne s'y présente pas comme un individu unique, mais comme une marchandise qu'il faudra mettre en valeur par une présentation attirante ou un emballage séduisant pour qu'elle trouve preneur. Se met ainsi en place un casting impitoyable, qui amène à discuter, avec l'expertise d'un consommateur averti, des qualités et des défauts du partenaire que l'on a « trouvé » sur Internet. Léa, 34 ans, divorcée, deux enfants, informaticienne :

> Dans ma recherche sur Internet, je suis découragée à l'avance. La concurrence est tellement rude que je ne vois pas pourquoi on me choisirait plutôt qu'une autre. J'ai

> joué le jeu un moment, ça n'a pas marché. J'en ai marre. Je ne peux pas être sur tous les fronts : au travail, où je dois être sur le qui-vive en ce moment, à la maison, où mes enfants sont difficiles, sur un site où il me faudrait me présenter comme la femme idéale.

Il faut avoir l'air dynamique, alors on ponctue son annonce de points d'exclamation supposés montrer de l'enthousiasme. Des hommes affichent clairement leur besoin d'une femme pour s'occuper de leurs enfants dont ils ont obtenu la garde : « Je suis un homme récemment divorcé, et la reconversion en papa poule, ce n'est pas facile ! Qui veut m'aider ? » Les postulants perdent leur spécificité : dans un flot de femmes de moins de 40 ans, il y aura le sous-groupe de celles qui ont déjà des enfants, un autre de celles qui en veulent, il y aura les brunes, les blondes… Mais au fond, qu'est-ce qui va faire qu'un homme va contacter l'une plutôt que l'autre ? Simplement celle qui sera là la première. Donc, pour avoir une chance d'être repérée, cette femme devra se connecter et *chatter* le plus souvent et le plus longtemps possible. De même que la recherche d'un emploi est une occupation à temps plein, la recherche d'un partenaire sur Internet prend beaucoup de temps. Certaines personnes sont connectées en permanence, à la recherche de la perle rare.

> Depuis son divorce il y a deux ans, Diane, 32 ans, s'épuise à jongler entre son travail et l'éducation de ses trois enfants. Elle se sent frustrée de vivre dans un logement trop petit et de devoir tirer les prix pour tout. Alors, bien sûr, elle privilégie dans ses recherches la position professionnelle et sociale des hommes qu'elle rencontre. Jacques n'est peut-être pas toujours bien excitant, mais ses excellents revenus peuvent lui permettre n'améliorer ses conditions de vie et de travailler moins.

Dans le même temps, les représentations traditionnelles ont la vie dure. Les femmes continuent à rechercher des hommes virils, solides, supérieurs, avec toutes les caractéristiques du machisme que pourtant elles dénoncent. Et la déception est souvent à la clé, comme le dit Chloé, 40 ans, psychologue :

> Les rencontres par Internet, ça peut marcher, mais pas pour moi. Je suis trop critique. J'ai fantasmé sur un homme qui me ferait rêver, mais j'ai perdu mes illusions sur les hommes en général et sur l'homme de ma vie. Je n'ai plus la capacité de m'illusionner sur moi ou sur les autres. Les hommes sont trop directs : « Venez chez moi, je vous emmènerai dans mon avion et vous verrez ma propriété en Touraine et mon jardin. » Je m'en fous de leur maison de campagne ou de leurs prouesses sexuelles. Je veux seulement un homme qui se pose en homme et qui m'accepte telle que je suis.

Quant aux hommes, beaucoup se montrent très précis sur leurs attirances physiques :

> Très attiré par les femmes typées, voire *black* ou métisses, je cherche une femme avec des rondeurs moelleuses.

Et une grande majorité d'hommes préfère des femmes plus jeunes, parfois même nettement plus jeunes – par exemple un homme de 56 ans précisera qu'il recherche une femme de moins de 30 ans. Ceux qui approchent de l'âge de la retraite cherchent à fonder une famille et espèrent donc rencontrer une femme n'ayant pas plus de 40 ans, présentant tous les attributs classiques de la féminité.

> Antoine, 53 ans, vient consulter sur les conseils de son généraliste pour des troubles anxieux qui se traduisent

par des petits malaises psychosomatiques. Cadre dans une société de services informatiques, il a été licencié il y a quatre ans et, après des recherches infructueuses, il s'est décidé à s'installer comme consultant. Malheureusement, ça ne marche pas bien et il peine à se payer tous les mois.
Comme il a du temps libre, il s'est inscrit sur plusieurs sites de rencontres : divorcé depuis cinq ans, il aimerait rencontrer une femme avec qui faire un bout de chemin. En quatre ans, il dit avoir rencontré plus de deux cents femmes, mais il n'a pas trouvé celle qui lui conviendrait vraiment. Il se plaint que les femmes ne sont plus féminines : « 90 % des femmes sur les sites ne sont pas féminines, et les autres sont trop capricieuses ou exigeantes ! » Quand on lui demande ce qu'est pour lui une femme féminine, il s'étonne : « Tout le monde sait cela ! Une femme féminine, c'est comme mon ex-femme qui ne se montrait jamais sans être maquillée, coiffée, avec des bijoux et des talons hauts, même à la maison. »
Même si les femmes qu'il rencontre ne correspondent pas à ses critères, il tente quand même sa chance auprès d'elles et, une fois sur dix, ça marche dès le premier soir. Mais il est rare que la relation se poursuive. Une fois ou deux, il a eu une liaison de quelques mois, mais la dernière femme était tellement autoritaire et exigeante sur des petites choses quotidiennes et la fidélité qu'il a préféré rompre. Il se plaint, après quatre ans de recherche, d'être toujours seul.

Exigences et blocages

Cette pêche à l'amour pourrait être ludique, mais elle ne l'est que rarement. Chacun vante ses mérites, essaie de se vendre, s'efforce d'être joyeux et attrayant, alors que la quête d'un(e) partenaire sur un site de rencontres se révèle souvent fastidieuse. Aussi, pour se débarrasser de cette « corvée », certains veulent aller vite. Ainsi un homme écrit sur son annonce : « Je suis séparé depuis trois mois et je me donne douze mois pour trouver une nouvelle compagne ! »

Pour cette quête, chacun revêt une carapace de protection : emploi du temps surchargé, dureté du monde du travail… Or, une rencontre amoureuse ne se fait pas sur des qualités affichées en ligne, mais sur une petite brèche qui permettrait d'approcher l'autre – une brèche souvent liée à une émotion de l'enfance, à une fragilité. Il faudrait pouvoir s'ouvrir, mais les blocages l'emportent souvent, comme en témoigne Catherine, 62 ans :

> Parce qu'il y a des tas de choses que je n'ose pas faire depuis que je suis seule, sur les conseils de mes amies, je me suis inscrite sur un site de rencontres. Mais je ne réponds pas toujours aux mails, car cela me fait peur. Comme dirait le Petit Prince, créer des liens, c'est difficile. Je ne m'en sens pas capable, alors je me cherche de bonnes excuses pour reporter à plus tard : quand j'aurai fini les travaux dans ma maison, quand mes petits-enfants que je garde seront plus grands… Mais, bien sûr, quand tout cela sera réglé, je serai trop vieille !

Chez les plus jeunes, c'est : « Je cherche quelqu'un pour passer de bons moments, faire des rencontres amicales et, pourquoi pas, amoureuses. » Ils ne parlent pas d'engagement, même s'ils précisent souvent que leur démarche est « sérieuse ». Après 30 ans, la demande est plus précise : on met en avant qui on est, un peu moins ce que l'on cherche. Après 50 ans, la méfiance transparaît derrière l'exigence : il ne s'agit pas de partager les épreuves de la vie, mais seulement les bons moments. Les propositions de projets communs se situent surtout autour des loisirs, vacances et week-ends, comme si la vie quotidienne ne pouvait être aucunement attirante. Certains internautes s'identifient même au groupe de loisirs dans lequel ils s'inscrivent. C'est ainsi qu'un homme dont le pseudo est Golf-250 (ce qui peut signifier qu'il y a eu 250 autres pseudos intitulés Golf) ne contactera que des femmes jouant au golf. Aucune autre spécificité d'une partenaire éventuelle ne retiendra son attention.

Autre facteur de blocage : le culte de l'apparence. Sur Internet, comme dans la vraie vie, l'apparence est devenue le principal atout pour réussir. Il vaut mieux être beau ou tout au moins attrayant, paraître heureux, s'épanouir dans son travail, avoir des enfants qui ne posent pas de problème. Il est également préférable d'être en bonne santé, mince mais pas trop, ne pas fumer (la question du tabac est posée dans la fiche de présentation), boire modérément de l'alcool, faire du sport. Il s'instaure ainsi une inégalité sociale par la beauté et la santé qui se traduit par une ségrégation à la rencontre par Internet, et une inégalité devant la solitude.

Ces exigences de beauté et de santé paralysent certains devant la quête d'un partenaire : « Je suis imparfait(e), donc personne ne voudra de moi ! » Pourtant, cette même personne qui doute de sa capacité de séduction ne sera pas prête à lâcher ses exigences dans le choix d'un partenaire. Nous guettons chez l'autre, mais aussi dans notre miroir, les premiers signes de défaillance : « Est-ce que je vais rester à la hauteur de ce que l'on attend de moi ? »

Tous ces blocages expliquent le bilan plus que mitigé des sites de rencontres, où la frustration née de la quête inaboutie est plus souvent la règle que le succès. Même si, parfois, « ça marche », comme l'a vécu Sonia, 45 ans, deux enfants :

> Un an après son divorce, elle a décidé qu'elle en avait assez de rester seule et elle s'est inscrite sur un site de rencontres. Comme elle s'était sentie en insécurité toute sa vie, elle précise dans son annonce qu'elle cherche un homme stable, qui lui apporte un cocon rassurant. Elle sait exactement ce qu'elle veut et ne s'attarde pas à *chatter* si l'homme ne correspond pas à ses critères. Elle ne se laisse pas aller si l'autre n'a pas suffisamment de disponibilité.
> Quand elle rencontre Thierry, elle parle tout de suite de ses rêves : elle aimerait une vie paisible dans une maison d'où elle ne bougerait pas. Cela tombe bien : lui est casanier, il cherche une femme qui organise son quotidien, moyennant quoi il peut apporter de la sécurité et du bien-être, car il gagne bien sa vie dans un travail qui le passionne. Sonia sait qu'avec Thierry, il n'y aura jamais l'émotion dont elle aurait pu rêver, mais il est stable affectivement et rassurant par son aisance financière.

Si la recherche d'un(e) partenaire sur Internet est une pratique désormais banalisée, elle ne concerne toutefois qu'une partie de celles et ceux qui sont confronté(e)s à la solitude. Beaucoup d'autres choisissent – plus ou moins facilement – de s'en accommoder, inventant de nouveaux modes de rapports aux autres.

III

Les nouvelles solitudes

10
Le désengagement

« Je suis une bulle d'air, sans envie, sans désir. »

Élisabeth.

Dans nos cabinets de consultation, je l'ai dit, nous recevons de plus en plus souvent des personnes qui font le constat de leur incapacité à éprouver des émotions. Elles craignent les relations intimes qui peuvent les amener à souffrir, les sentiments qui peuvent entraîner une dépendance et, pour s'en prémunir, elles se maintiennent dans une superficialité qui les protège de l'implication affective. Même si elles rêvent, sans trop y croire, à des relations riches et intenses, elles gardent leurs distances, s'efforcent de paraître détachées et se perdent dans des relations personnelles banales ou sans intérêt. Mathieu, 39 ans, informaticien :

> La plupart du temps, ce que disent les gens proches de moi ne m'intéresse pas. Je préfère discuter avec des gens que je ne connais pas, et de préférence dans une langue étrangère.

Fuir le désir pour éviter la souffrance de l'échec amoureux

Ces patients se plaignent d'être incapables de sensations. Certains d'entre eux, pour tenter de les retrouver, s'étaient plongés dans des expériences extrêmes : la vitesse, les sports dangereux, la musique trop forte, l'alcool, les drogues. C'était aussi, souvent, une façon de mettre autour de soi une couche isolante, afin de se dispenser d'une quête d'amour ou de reconnaissance. Sébastien, 52 ans, témoigne de l'échec qui signe systématiquement ce genre de fuite en avant :

> Quand j'étais jeune, j'avais cherché des situations de danger qui me procuraient un équivalent d'orgasme. Il me fallait du stress, sinon je ne ressentais rien. Maintenant, c'est comme si j'avais utilisé toutes mes réserves d'hormones du plaisir. La courbe est devenue plate. J'ai chassé l'émotionnel, je suis globalement émoussé. Il m'est difficile, par exemple, de me mettre en colère. Dans une discussion assez vive, j'abandonne rapidement et je finis par donner raison à l'autre, ou, tout au moins, par lui laisser le bénéfice du doute. Il ne s'agit nullement de capitulation ou de faiblesse, mais d'indifférence. Je ne supporte pas les dictatures de pensée et je n'ai pas envie d'avoir à justifier ce que je vais faire ou ne pas faire.

Plus fondamentalement, si le désengagement et la défiance se généralisent, c'est que, dans un monde qui paraît cruel et sans pitié et où il faut se méfier de tous, on préfère se replier sur soi. Que ce soit au travail, où, si on se livre trop, cela peut être utilisé contre vous, ou à la maison en cas de conflit conjugal, les attaques perfides peuvent viser votre fragilité. Richard, 51 ans, juriste, a vécu cette situation :

> Je suis encore anesthésié par mon divorce, dans l'impossibilité d'éprouver des sentiments, et je ne suis pas sûr d'être capable d'être amoureux à nouveau. J'ai très mal supporté l'éclatement de la famille, la destruction de l'idéal que j'avais d'un cocon familial avec parents et enfants réunis. J'ai surtout été assommé par la violence autour du divorce, les faux témoignages, le complot qu'il y a eu pour me faire payer une lourde pension alimentaire, alors que ma femme n'avait pas vraiment envie de garder les enfants. Il a fallu ensuite que j'organise une vie de père qui élève seul ses enfants : il me faut gérer le scolaire, l'extrascolaire, en plus de mon travail, et c'est parfois lourd à porter.

La vie sociale amenant déjà son lot de compétition, on peut comprendre que certains refusent de la poursuivre jusque dans la vie amoureuse ou familiale et choisissent la solitude pour ne pas se confronter à la jalousie ou aux tensions de la vie commune. C'est le constat d'Annick, 52 ans :

> J'aime vivre seule parce que, à chaque fois que j'ai vécu avec un homme, si mon travail me retenait tard le soir, je devenais nerveuse, je savais que, même si aucune parole n'était prononcée en ce sens, il y aurait des tensions à la maison. Cela pouvait venir de mon conjoint qui regardait ostensiblement sa montre, mais cela pouvait aussi venir de moi. Car, avec l'expérience de mon premier mari qui me faisait à chaque fois une scène, je culpabilisais de le laisser attendre. Maintenant que je vis seule, je me sens libre de rester au bureau pour finir une tâche dans le calme.

Il arrive aussi qu'une femme ayant été trompée dans un premier couple recule devant un nouvel engagement, de crainte d'être trompée à nouveau. Persuadée que tous les hommes sont infidèles, elle garde en mémoire la souffrance occasionnée par l'adultère et ne veut plus revivre cette expérience douloureuse. Nous rencontrons ainsi de plus en plus d'adultes dans la maturité qui, à la suite de plusieurs échecs, ne font plus confiance à qui que ce soit pour établir une nouvelle relation affective et n'envisagent plus de projets de couple. Ils sont désenchantés, comme Pierre, 58 ans, cadre d'assurance, divorcé ; il a une amie, mais se sent « décroché » :

> J'ai conscience d'être dans un processus de mort lente sur le plan pro. À 50 ans, il y a ceux qui décrochent et ceux qui s'accrochent. Moi, j'ai plutôt envie d'être dans ma maison de campagne que de travailler. D'ailleurs, je ne suis pas le seul, depuis la loi sur les 35 heures, il y a partout une ambiance de démotivation, le vendredi, au travail il n'y a plus personne. Sur le plan personnel, ce n'est pas mieux, je n'ai plus de libido. La vie amoureuse, les grandes passions, j'ai l'impression que j'ai passé l'âge. Je préfère passer mes vacances avec une bande de copains plutôt qu'avec mon amie. C'est comme si je démarrais une autre vie plus tranquille.

Certains considèrent en effet que la relation amoureuse devient une complication de plus dans un monde déjà difficile à vivre et qu'il est plus simple de s'en passer. Il y a la crainte du quotidien, la difficulté de cohabiter avec les enfants des autres, la tyrannie de la présence permanente de l'autre, les soucis d'argent. On préfère se mettre dans une bulle confortable, avec seulement quelques relations anciennes rassurantes, et éviter le tourment de la passion et du désir sexuel. Il y a trop de danger à désirer plus, on peut craindre de tout perdre, de se perdre. C'est le cas d'Annick :

> Si je ne m'engage pas dans une nouvelle relation, c'est pour ne pas être à nouveau abandonnée. De la sorte, je suis seule, mais c'est mon choix.

Le rêve de l'amour absolu n'a pas disparu, mais on constate souvent, surtout chez les femmes plus âgées, une disparition des efforts de séduction entraînant une répétition de l'échec dans la quête du partenaire idéal. Beaucoup n'ont pas vraiment envie d'aller vers l'autre ou de « s'améliorer » pour être plus accessible ou plus plaisant(e). « Pour être préféré, il faut se rendre plus aimable qu'un autre, plus aimable que tout autre, au moins aux yeux de l'objet aimé », écrivait Jean-Jacques Rousseau dans l'*Émile*. Tel n'est pas le cas, aujourd'hui, de Laurence, 56 ans, agent immobilier, divorcée avec deux enfants :

> Avec la vie, je me suis blindée. J'ai l'impression d'être devenue égoïste et autoritaire et je ne sais plus si les choses me touchent ou pas. Je n'ai pas envie d'un homme dans ma vie, et d'ailleurs ils ne me regardent même pas. Il faut dire que je ne fais aucun effort de séduction et que je tiens tout le monde à distance. Il faudrait peut-être que je fasse un effort, par exemple que je maigrisse, mais je n'ai pas de mec. Je vieillis, si en plus je ne peux pas manger ce que je veux, alors cela devient trop triste !
>
> Au travail, avec les clients je suis active, pleine de dynamisme, mais le soir, j'ai envie de me mettre au chaud chez moi. J'allume des petites bougies et je me fais une fête rien que pour moi. Je suis bien seule, alors pourquoi changer cela pour un emmerdeur comme mon ex-mari ? Je suis embourbée dans le quotidien et le monde que je vois à l'extérieur ne me paraît pas très réjouissant. Il n'y a plus de fêtes pour les gens de mon âge, seulement des dîners avec des gens qui ont eux-mêmes beaucoup de soucis.

Il est vrai, on l'a vu, que les relations utilitaires sont de plus en plus fréquentes : on prend l'autre, on l'utilise et, quand il n'apporte plus la satisfaction souhaitée, on le jette. Alors, pour éviter cela, on préfère s'effacer jusqu'à gommer toute enveloppe extérieure, de façon à ne plus donner prise aux autres. Les relations étant devenues aléatoires et n'offrant aucune garantie de permanence, on tente d'y échapper en vivant seul. Choisir la solitude, c'est s'assurer de ne dépendre de personne, de s'éviter la douleur d'un nouvel échec, de vivre à sa guise sans demander l'avis de qui que ce soit. C'est l'option d'Hélène, 39 ans :

> Ma plus grosse crainte est de redémarrer une histoire d'amour et d'être lâchée. Si je désire fort, je suis dépendante. Quand on ne désire rien, il n'y a pas de raison d'avoir peur.

Certains de ceux qui choisissent la solitude sont ainsi des tenants déçus d'une foi excessive en l'amour, comme Clotilde, 46 ans :

> On s'habitue au rien. Si on n'a pas de rapports sexuels pendant longtemps, le désir s'atténue, puis s'efface. Mais voilà qu'un homme apparaît et – pourquoi celui-là ? – on a envie de l'approcher, on a envie qu'il s'intéresse à vous. Et il s'intéresse à vous. Pourquoi ? Est-ce parce qu'il a vu que vous vous reteniez à peine de le toucher ? Mais voilà, cet homme est peu disponible. Il a des justifications fort louables : le travail, les enfants, les soucis. Vous aménagez votre emploi du temps pour lui faire une place et vous commencez à attendre.
>
> À partir de presque rien, quelques baisers, quelques paroles tendres, quelques caresses, vous voilà piégée. Le désir que vous pensiez calmé resurgit brusquement. Vous dormez mal, vous vous agitez la nuit, vous êtes distraite, vous perdez tout. Bref, vous êtes amoureuse. Mais derrière la passion amoureuse qui se met en place

> se dessine déjà le manque, le manque de l'autre. Vous vous rendez compte alors que votre évitement de l'amour n'était qu'un évitement de son corollaire, le manque.

De même, certaines femmes qui ont réussi à se sortir d'une histoire de couple douloureuse craignent de nouvelles souffrances et disent : « Plus jamais ça. » Martha, 56 ans, DRH :

> Après l'échec de mon mariage, je ne pense pas pouvoir revivre avec quelqu'un. Mon premier mari était très dur. Certes, il ne m'a jamais battue, mais il me dévalorisait sans cesse, se moquait de mon physique, me disait régulièrement que je n'étais pas désirable. Et – je l'ai appris après – il m'a toujours trompée. J'ai fini par le quitter. Je m'en suis remise, mais je ne crois plus à l'amour.
>
> Désormais, j'ai tout investi sur mon travail, où ma compétence est reconnue. J'élève mes enfants, je vois mes amis, je fais du sport, je voyage. Cela fait maintenant dix ans que je vis seule. J'ai eu quelques amants, mais, après quelques mois, je désinvestissais. Les hommes me paraissaient trop égoïstes. Il fallait que je sois conforme à ce qu'ils attendaient de moi. Est-ce que je pourrais à nouveau être amoureuse ? Je crains que non. J'ai trop peur. Autant j'ai confiance en moi dans d'autres domaines, autant je doute de mes capacités en amour.

Du désir de l'autre au désir d'être soi

La peur de l'engagement correspond ainsi à un double défaut de confiance, en soi et en l'autre : est-ce qu'on peut encore m'aimer ? Est-ce que je suis capable d'aimer quelqu'un durant toute ma vie ? Est-ce que l'autre me restera fidèle ?

Parce qu'elles n'offrent plus de garantie de permanence, les relations affectives sont devenues inquiétantes. Certain(e)s préfèrent fuir dans un détachement affectif. Rejetant toute relation trop intime, ils (elles) choisissent de vivre seuls, comme Élisabeth, 49 ans, divorcée sans enfant, institutrice :

> Beaucoup plus jeune, j'étais en permanence dans la séduction, j'étais préoccupée de l'image que je renvoyais. Ça marchait et cela me maintenait dans un sentiment d'exaltation. Je ne me sentais exister que quand un homme était dans l'attente amoureuse de moi. Un jour, ça m'a quittée comme une robe qu'on laisse sur un cintre. C'est fini, je ne cherche plus à séduire. Je n'ai plus envie de plaire à un homme, c'est devenu hors champ et ça ne me manque pas. D'ailleurs, je dois renvoyer un message d'indisponibilité, puisque les hommes ne me regardent plus comme ils le faisaient avant.
>
> Ma vie est remplie sur tous les fronts : j'ai du sexe quand je veux avec mes anciens amants, j'ai de la tendresse avec mes amis, j'ai des intérêts intellectuels et un travail qui me plaît, mais je n'ai pas de relation amoureuse. Le soir, quand je rentre chez moi et que je ferme la porte, je suis ravie d'être enfin seule et de me mettre au lit avec un bouquin. Je n'ai aucun désir sexuel et ça ne me manque pas. De temps en temps, je fais l'amour avec mon vieil amant, mais je n'en ai pas tant envie que ça. Parce que je n'ai plus de désir, le désir des autres me dérange.
>
> D'une façon générale, je ne suis pas dans le désir. J'ai fait beaucoup de choses, j'ai obtenu ce que je voulais et maintenant je n'ai plus d'échéances à atteindre, ni professionnellement, ni socialement, ni amoureusement. Je n'ai plus rien à prouver à qui que ce soit. Je fais ce que j'ai à faire, je le fais bien, mais il n'y a plus d'étincelles. J'ai une sorte d'indifférence, même dans les rencontres : si ça se

> fait, tant mieux, si ça ne se fait pas, ce n'est pas grave. Je suis une bulle d'air, sans envie, sans désir. J'ai perdu mes illusions par rapport à la société, au travail et aux liens affectifs. Je suis devenue « aquoiboniste ».
> Je supporte mal que quelqu'un – même quelqu'un que j'aime – vienne chez moi. Je le ressens comme une intrusion. C'est mon espace et je n'ai pas envie que quiconque vienne l'envahir. Jusqu'où cette indifférence va aller, je me le demande ?

On peut aussi choisir la solitude pour de mauvaises raisons, parce qu'on a essuyé des échecs et renoncé à tout attachement intime. La solitude peut paraître alors une démarche égoïste, car c'est pour ces personnes un moyen d'échapper à la dépendance. Il est vrai qu'à une époque d'exigence d'absolue, il est plus facile de renoncer à tout lien, et donc aux imperfections inhérentes à tout rapport humain. C'est la justification du choix de Christian, écrivain de 62 ans :

> Il faut être seul pour créer. Je n'ai toujours eu de cesse que de m'éloigner des êtres, même de ceux que j'aimais, pour avoir la table rase et libre pour travailler et produire. L'ambiguïté de tout cela, c'est qu'en même temps que la présence de la personne aimée s'en va, l'idée de produire aussi.

Mais l'aspiration à la quête de soi qui passait au départ par l'amour, peut se poursuivre, à la suite des échecs de la vie à deux, dans la solitude. Les femmes qui ont renoncé à chercher un compagnon souffrent d'ailleurs moins de la solitude que celles qui sont dans l'attente d'un homme qui viendrait les combler. Tel est le choix réfléchi de Christine, 49 ans :

> L'amour n'est que rapport de forces, et ça, je n'en veux plus. C'est toujours les mêmes enjeux de séduction, les

> prises de pouvoir de l'un sur l'autre, le chantage affectif et la peur d'être quitté. Même si faire l'amour me manque parfois, j'ai besoin d'espace, de solitude et de paix. Je préfère la tranquillité de l'amitié avec les femmes, les fous rires, les discussions, les échanges.

Il s'agit alors d'éteindre tout désir pour ne plus rien attendre, chercher l'*ataraxie*, c'est-à-dire un bonheur paisible et sans attache, loin des passions qui risquent de troubler la sérénité de l'âme. Quand on a été déçu par son travail, par son couple ou par la rupture d'autres liens, on peut aller ainsi vers un désengagement général. Le désir s'oriente alors vers autre chose. Parce qu'on n'a plus rien à perdre, on se détache des apparences et du conformisme. Le désir d'être soi s'accentue et le silence offre une place à la réflexion.

> Après un divorce douloureux d'avec une femme violente, Florent, 44 ans, directeur financier au chômage, a choisi d'aller vers un mode de vie plus en accord avec ses aspirations profondes, et de quitter Paris pour s'installer à la campagne. Il se décrit comme un être asocial, introverti, ayant besoin de s'isoler pour penser, lire et écrire. Il refuse désormais les relations superficielles, car il a besoin de relations essentielles. Selon lui, 90 % de la communication entre ses semblables n'ont aucun intérêt, car portant sur des anecdotes, et cela l'ennuie.
>
> Il explique son caractère solitaire par la carence en communication de son enfance : son père était un homme taciturne, qui avait été traumatisé par la guerre d'Algérie. Dans cette famille, il n'y avait aucun échange et, pour masquer le silence, les repas se déroulaient devant la télévision allumée. Son changement de vie, dont il a conscience qu'il est risqué et courageux, lui paraît essentiel, car il a besoin de « se retrouver », d'être enfin lui-même.

S'éloigner d'un monde angoissant

Nombre de nos contemporains supportent ainsi de moins en moins la promiscuité et la gêne occasionnée par autrui. La qualité de vie se situe désormais dans la tranquillité, l'autonomie, l'intimité. Quand ils le peuvent, beaucoup préfèrent vivre dans une maison individuelle, si possible avec un jardin, loin des villes, même si cela se paie par de longues heures de transport. De même, dans le couple, quand cela est possible, on note une aspiration à des chambres séparées, pour protéger un espace personnel.

Après la coercition du modèle patriarcal désormais révolu, notre époque nous a en effet apporté une liberté individuelle qui peut être vécue comme une menace permanente pour le moi s'il n'est pas suffisamment solide pour faire face à tous ces possibles. La fuite devant les émotions n'est donc pas seulement la conséquence des échecs vécus, elle s'explique aussi par le fait que les individus ressentent parfois leurs pulsions intimes comme menaçantes : redoutant de s'engager dans une relation qui risquerait d'être trop exigeante et mettrait à nu leurs faiblesses, intimement convaincus que leurs désirs ne sauraient être assouvis dans une relation amoureuse, ils préfèrent alors l'évitement. Parfois de façon radicale, comme Florent :

> J'aimerais devenir rien, m'effacer jusqu'à gommer toute enveloppe extérieure, ne plus donner prise aux autres, me concentrer tout entier à l'intérieur de moi. J'aurais aimé être gardien de phare, ne pas me laisser distraire par le futile, le superflu, pouvoir lire, penser, regarder la mer, ne pas tomber dans ces distractions qui vous font perdre le fil de soi.

Certes, nous sommes en principe plus libres, mais nous sommes aussi plus fragiles, plus solitaires. Car ne sommes-nous pas passés d'une sujétion brutale – celle du patriarcat, aliénant les femmes comme les hommes – à une autre plus diffuse, celle de la marchandise et de la compétition, dont il est presque aussi difficile de se déprendre ? D'une certaine façon, c'était l'étonnante intuition du sociologue allemand Ferdinand Tönnies (1855-1936), qui prophétisait dès 1887 que la société future serait économiquement plus efficace, mais psychologiquement déprimante[1] : selon lui, aux liens individuels fondés sur le sang, l'affection, le respect et la crainte qui existaient dans la société traditionnelle, allaient se substituer, dans la société moderne, des liens d'ordre rationnel fondés sur le contrat et l'intérêt.

De fait, plus s'étend l'emprise de la société de performance sur les destins de chacun, plus certains individus se découragent : « À quoi bon ? » La conséquence en est souvent la perte de tout désir, voire un certain désespoir, comme l'exprime crûment Thomas, 28 ans, graphiste en CDD :

> Je suis pris dans un système où il n'y a pas de place pour mes états d'âme. Je suis robotisé : je travaille, je rentre chez moi, je consomme un peu… Comme je n'ai pas d'argent pour sortir, les gens n'appellent plus. De toute façon, je n'ai envie de voir personne, je n'ai même plus de libido, pas de fantasmes, pas de coups de cœur dans les rencontres. Si je n'ai plus de travail, que ma vie affective est finie, je sers à quoi ?

---

1. Ferdinand TÖNNIES, *Communauté et société*, PUF, Paris, (1887) 1977.

Mais beaucoup d'autres sont moins désespérés : dans toutes les générations, que ce soit par fatigue ou simplement parce qu'ils n'ont plus rien à prouver, ils refusent le jeu de reconnaissance mutuelle de notre monde de compétition et choisissent de rester en dehors des jeux de pouvoir, à qui sera le plus fort, le plus beau, le plus riche.

C'est bien sûr une force de ne pas être dépendant de ce que les autres peuvent penser, mais cette position n'est pas facile à tenir. Et cela d'autant plus que les espaces classiques de sociabilité tendent à se réduire : de plus en plus, on se méfie des pseudo-liens encouragés dans les grandes entreprises à coups de discours « langue de bois » et de grandes messes censées rapprocher les salariés ; comme on se méfie, tout aussi légitimement, des politiques qui offrent tous plus ou moins la même chose ou qui proposent de combler nos désirs de façon irréaliste.

Même si de nouvelles formes de convivialité s'inventent aussi plus ou moins souterrainement, à la ville comme à la campagne, la tendance générale est bien à la désaffection à l'égard des institutions et des collectifs classiques, dans la plupart des classes sociales – sauf peut-être dans la grande bourgeoisie, où perdure une solide tradition de reproduction endogamique.

Mais, dans les classes moyennes et populaires, les jeunes, en particulier, se regroupent souvent par affinités : beaucoup rétrécissent leur champ relationnel, refusent de s'engager et acceptent plus difficilement les liens qui peuvent rendre hommes et femmes solidaires les uns des autres, au-delà des différences d'origine. De plus en plus, notre société est constituée d'individus isolés, qui se lient ensuite à tel ou tel groupe de leur choix, par intérêt ou par affinité, non sans un certain arbitraire, comme l'explique Jeff, 34 ans, instituteur :

> On est dans une communication partielle avec les autres. Comme c'est irrémédiablement imparfait, une relation en vaut une autre. On peut vivre des choses partielles très fortes avec plein de gens différents. Pourquoi s'emmerder avec les défauts de X plutôt que ceux de Y ?

Et donc, pourquoi durablement s'engager, que ce soit dans une relation amoureuse ou pour une cause sociale ou politique ? Cette sous-idéologie du désengagement qui traverse la plupart des sociétés modernes reste toutefois une « idéologie faible », élastique et sans doute transitoire (au sens d'annonciatrice d'une autre époque) : loin d'être aussi normative que celles d'autrefois, elle induit aussi bien les engagements provisoires – ceux des « couples en CDD » comme ceux des révoltes collectives sans lendemain contre les scandales du moment – que les désengagements radicaux, individuels ou sociaux. Dans cette confusion de l'époque, qu'il nous faut savoir comprendre et regarder en face, l'une des manifestations les plus intrigantes du désengagement radical, que je n'ai évoquée jusque-là que de façon incidente, est sans doute celle de la vie sans sexe.

11
LA VIE SANS SEXE

« L'amour est obscène en ceci qu'il met le sentimental à la place du sexuel. »

Roland BARTHES,
Fragments d'un discours amoureux.

L'abstinence sexuelle peut découler d'un choix, d'une absence de désir ou de l'absence de partenaire. Comme nous l'avons vu, il est probable que nos vies nous apportent de plus en plus de périodes de solitude et donc de chasteté. Il nous faudra nous en accommoder.

La sexualité est-elle indispensable ?

Notre société est fortement sexualisée et le sexe y est devenu une marchandise comme une autre. On vend des rencontres sur des sites, les journaux donnent des modes d'emploi pour trouver l'âme sœur, la publicité vante des vêtements pour séduire, des crèmes de beauté pour continuer à plaire et même des pilules magiques pour magnifier les performances sexuelles. Selon l'écrivain Michel Houellebecq, si nous nous agglomérons, c'est pour oublier notre finitude, car la vie n'est que néant. En multipliant indéfiniment le sexe, nous essayons d'exorciser notre manque, mais cela ne nous apporte qu'une satisfaction provisoire.

On retrouve au niveau de la sexualité le même comportement de consommateur exigeant que dans les autres marchés. Désormais la jouissance doit être assurée. Le Viagra et le Cialis, médicaments prescrits au départ pour soigner les troubles de l'érection, sont maintenant utilisés pour pallier l'angoisse de performance : « Je bande quand je veux, où je veux ! » L'usage s'en est tellement banalisé qu'en France, en 2006, le quotidien *Le Monde* a consacré deux pages entières, sans aucune critique ni restriction, à ces nouvelles pilules du bonheur sexuel[1], et qu'un hebdomadaire en a fait sa page de couverture. Pour étendre le marché, l'industrie pharmaceutique a créé un nouveau symptôme : la « dysfonction sexuelle féminine » qui, selon le laboratoire qui tente de commercialiser un équivalent féminin du Viagra, concernerait 43 % des femmes de 18 à 59 ans[2].

Une sexualité épanouie est devenue une norme de notre époque, et le corps est devenu une simple machine à plaisir dont il faut améliorer les performances. Pour doper sa forme sexuelle, il faut suivre les conseils des magazines, acheter des *sex toys* et avoir recours à des pilules miracle en cas de panne. La frigidité est devenue une maladie honteuse, l'impuissance un symptôme qu'il faut absolument soigner. Au lit comme au travail, l'homme se sent soumis à une obligation de résultat et il craint d'être viré s'il n'est pas à la hauteur de ce qu'on attend de lui.

À l'heure où certains médias nous envahissent de sujets sexuels sur le thème « jouissez sans entraves », on plaint les

---

1. *Le Monde*, 7 décembre 2006.
2. *Le Monde*, 25 octobre 2006.

exclus du sexe, allant jusqu'à parler de « misère sexuelle ». Il est vrai que nos patients viennent parfois se plaindre de frustration sexuelle, mais la vraie problématique reste l'isolement affectif. En 1998, dans son premier roman, Michel Houellebecq avait été précurseur pour pointer la dureté du marché de la consommation du sexe : « Tout comme le libéralisme économique sans frein, et pour des raisons analogues, le libéralisme sexuel produit des phénomènes de paupérisation absolue. Certains font l'amour tous les jours ; d'autres, cinq ou six fois dans leur vie, ou jamais. Certains font l'amour avec des dizaines de femmes, d'autres avec aucune… C'est ce qu'on appelle la loi du marché[1]. »

Le sexe est devenu une fonction hygiéniste : faire l'amour, c'est bon pour la ligne, pour la peau… Mais, avec la libération sexuelle, on voit poindre une baisse du désir sexuel : il n'y a plus rien à désirer, puisque tout est possible. Trop de sexe aboutit ainsi à l'élimination du sexe. De plus en plus souvent, nous voyons des personnes qui ont renoncé au sexe, comme d'autres ont renoncé à l'alcool ou au tabac. Ce qui importe désormais, c'est le confort. S'installer un nid avec tout à portée de la main et pas besoin des autres. S'éloigner de toutes les sollicitations sans fin, se dégager du toujours plus.

> Christine, 53 ans, a vécu la libération sexuelle des « années 1970 » avec des groupes de femmes. À cette époque, il ne fallait pas freiner ses désirs, on pouvait tout essayer, le sexe avec les femmes, le sexe à plusieurs. Quand elle sortait en boîte, elle rentrait avec un homme différent à chaque fois. « Même si on crevait

1. Michel Houellebecq, *Extension du domaine de la lutte*, Maurice Nadeau, Paris, 1998.

> d'angoisse et de jalousie, il était de bon ton de ne pas être possessif. »
> Un jour, Christine en a eu assez d'être disponible et, passant d'un extrême à l'autre, elle a renoncé à la sexualité : « Ce n'est pas parce qu'on a vécu la libération sexuelle que la sexualité est obligatoire ! » Cela fait maintenant plus de dix ans qu'elle n'a pas eu de relation sexuelle. « La sexualité ne me manque pas. Ce qui peut me manquer, ce serait les gestes de tendresse, d'être regardée avec désir. Je ne parle pas de l'amour, sur lequel j'ai perdu mes illusions. J'ai laissé tomber tout ce qui est physique, sauf la danse et le sport. Même la masturbation, je ne la pratique plus. Tout est dans ma tête. J'ai repris des études, j'aime discuter avec mes amis. J'ai mis en place un système de protection qui consiste à éviter les situations qui me dérangent. »

La poursuite d'un bonheur absolu à travers une intense gratification sexuelle a été le but ultime mais, face aux débordements d'une sexualité *trash*, il n'y a peut-être plus rien à désirer. Dans une interview, Catherine Millet, auteure du fameux best-seller La *Vie sexuelle de Catherine M.* (2001), explique ainsi : « Plus je détaille mon corps, plus je détaille mes actes, plus je me détache de moi-même. » Effectivement, dans ces débordements du corps, il n'y a pas de sentiment, pas d'affect. Ce n'est que la mécanique des corps. Notre époque cherche également à se débarrasser de la différence des sexes, ou, comme le dit l'écrivain Michel Schneider : « Le féminin et le masculin se sont mollement confondus, ne sachant plus quoi attendre l'un de l'autre, prêts à tout pour éviter une rencontre charnelle[1]. »

---

1. Michel SCHNEIDER, *La Confusion des sexes*, Flammarion, Paris, 2007.

En juin 2004, dans un sondage Ipsos, 25 % des femmes interrogées et 15 % des hommes déclaraient vivre pratiquement sans rapports sexuels depuis plusieurs mois et, parmi ceux-ci, 26 % indiquaient y être indifférents. Le sexologue Philippe Brenot estime que 50 % des couples de sexagénaires n'ont plus de relations sexuelles[1]. Selon une étude de 1992, 6,2 % des hommes et 12,4 % des femmes disaient ne jamais faire l'amour. Selon une autre enquête publique ACSF (Analyse des comportements sexuels en France, 1992), 2,7 % des femmes et 1,9 % des hommes de 30 à 34 ans et 2,5 % des femmes et 2,3 % des hommes de 35 à 39 ans sont sexuellement inactifs. Une étude américaine a montré que 2 % de la population adulte n'avait jamais eu d'expérience sexuelle.

La baisse du désir sexuel peut être liée à des raisons médicales ; c'est ainsi qu'après une hystérectomie totale qui réalise une castration chirurgicale, la perte de la libido touche près d'une femme sur deux, en raison de la chute brutale du taux de testostérone. Il est désormais possible de pallier ces baisses de libido hormonales, mais beaucoup ne le souhaitent pas.

Quand le désir s'émousse

Cependant, les chiffres ne nous apportent que des indications imprécises. En effet, entre la jeune femme surdiplômée qui, n'ayant pas rencontré l'âme sœur, ne souhaite pas perdre son temps dans des aventures sans lendemain, et la femme mariée chez qui tout désir s'est éteint, mais qui tient à

1. *Le Monde*, 6 septembre 2006.

maintenir l'image de solidité de son couple, la problématique n'est pas la même. Des femmes qui n'ont pas eu de relations sexuelles depuis dix ou vingt ans nous disent que l'acte sexuel ne leur manque pas, que leurs sens sont en quelque sorte anesthésiés. Elles ont seulement la nostalgie d'une relation de tendresse. Les médias confondent d'ailleurs trop souvent solitude du cœur et solitude du corps. C'est ainsi que des journalistes hommes – comme Hubert Prolongeau dans Le *Nouvel Observateur*[1] –, évoquant la vie sans sexe à partir d'exemples, parlent plus de solitude que de manque sexuel.

Hommes et femmes ne vivent pas le manque de relations sexuelles de la même façon : lorsqu'on parle de solitude, les hommes tendent à penser au manque sexuel, tandis que les femmes pensent surtout au vide relationnel. Selon Gérard Mermet, 50 % des hommes considèrent comme difficilement supportable de ne pas faire l'amour pendant plusieurs mois, contre seulement 34 % des femmes[2]. 26 % des femmes et 18 % des hommes se passeraient sans difficulté de sexualité. Cette disparité des chiffres explique que les femmes sont plus nombreuses que les hommes à renoncer à la sexualité. Les femmes veulent de l'amour, pas du sexe, mais pour beaucoup d'hommes, montrer son amour passe par le sexe. 23 % de ceux qui considèrent comme indifférent de s'abstenir de sexualité se disent soulagés de ne plus avoir à faire l'amour.

Parmi ceux qui souffrent du manque sexuel se trouvent des célibataires complexés qui ne font l'amour qu'avec des rencontres de vacances. Il y a également celui ou celle qui est oublié ou rejeté par son partenaire, et qui n'a plus l'énergie de partir ou de chercher un amoureux à l'extérieur. C'est ce que dit également Christine :

---

1. *Le Nouvel Observateur*, 16 décembre 2004.
2. Gérard MERMET, *Francoscopie 2007*, *op. cit.*

> Est-ce qu'on drague encore une femme de mon âge ? Dans ma tête, la sexualité est trop liée à l'esthétique. J'ai beaucoup de mal à imaginer des vieux ou des moches faire l'amour. Quand le matin j'ai les yeux bouffis, je me dis que je suis contente qu'un mec ne voie pas ça. Pour moi, il doit y avoir une perfection dans la sexualité, et pourtant j'ai couché avec des mecs pas parfaits du tout. Je préférerais une relation avec quelqu'un de plus âgé, car, étant plus dégradé, il ne pourrait pas émettre de jugements négatifs. C'est différent si vous avez vécu avec la même personne depuis vingt ans. Les deux ont vieilli ensemble. Il y a une indulgence liée à la tendresse et au passé.

Avec le temps, la baisse de fréquence des relations sexuelles est quasiment inévitable. Certains, plutôt que de se résigner, choisissent d'aller voir un sexologue, mais il faut pour cela que les deux partenaires aient le désir d'améliorer la situation. Quand le couple est en crise, les réconciliations peuvent se faire sur l'oreiller. Certaines femmes avouent accepter un rapport sexuel, même quand elles n'en ont pas envie, pour calmer un conjoint violent. Habituellement, pour les femmes, le désir est la conséquence d'une harmonie dans la relation, tandis que pour beaucoup d'hommes, le rapprochement ne peut se faire qu'à travers un acte sexuel.

Après une séparation, celui qui est accoutumé à une vie sexuelle régulière souffrira du manque affectif et sexuel ; mais, après un temps, en principe, les sens s'apaisent, car moins on fait l'amour et moins on a envie de le faire. On l'a dit, les femmes supportent mieux ce manque que les hommes. Elles savent attendre d'avoir cicatrisé avant de plonger dans une autre relation, car elles craignent l'aliénation du sexe. Christine ajoute :

> À 53 ans, j'estime que, pour moi, la vie de couple c'est fini. Sur le plan sexuel, je suis passée du tout au rien. Jeune, j'ai eu tout un tas d'aventures, j'aimais plaire et séduire, mais, si je réfléchis bien, le sexe je le pratiquais sans grand plaisir. Est-ce que je l'ai trop fait avec des gens qui ne m'intéressaient pas ? Je me sens loin de tout ça maintenant, même si j'ai encore quelques rêves ou fantasmes. Désormais, je n'ai plus envie de me forcer, mais je n'ose pas trop le dire, car j'ai parfois l'impression d'être la seule à ne pas trouver le sexe super. Quand on n'a plus de sexualité, c'est comme si on était au chômage : une fois qu'on a arrêté, on a du mal à s'y remettre. J'ai peur de reprendre une vie sexuelle, car j'ai l'impression que je ne vais plus savoir.

À une époque où les médias prônent les rencontres éphémères et multiplient les conseils pour accroître le plaisir sexuel, le désir s'émousse et nous voyons poindre les pathologies de l'insuffisance sexuelle. Certains hommes sont inquiets ; partout on leur demande de se montrer performants, et ils constatent que les femmes sont suffisamment autonomes pour partir si une relation ne leur convient pas. Ils craignent donc qu'une panne sexuelle ne les exclue du marché de l'amour. Ils imaginent que les femmes attendent essentiellement du sexe, et qu'ils ne les combleront que s'ils sont à la hauteur au lit. Voici ce que dit Christian, 62 ans :

> Du côté sexuel, c'est marée basse et ça le restera probablement. Je n'ai plus de vie sexuelle, mais le sexe vient me chercher dans mes rêves. Est-ce qu'on peut avoir du désir sexuel quand on n'est pas fier de soi ? Passé un certain âge, qu'est-ce qu'on a à vendre ? Passé 60 ans, sur le plan sexuel on a moins à proposer qu'avant.

Certains hommes ont le fantasme que l'appétit sexuel des femmes est insatiable, car elles ont la possibilité d'avoir plusieurs orgasmes à la suite. Pourtant, à écouter les femmes, il apparaît que leur exigence n'est pas là. Elles attendent beaucoup d'un homme, trop sans doute, mais ce n'est que si l'homme est décevant dans la vie quotidienne, que si le partage des rôles est resté traditionnel, qu'elles espèrent que l'homme saura se rattraper au lit. Elles attendent qu'il soit attentif au lit autant que dans la vie quotidienne.

Le plaisir du sexe masque mal la panique devant les sentiments et nos patients se plaignent surtout d'un manque de lien, de relation, d'un manque de chaleur et de tendresse. Ils recherchent un compagnonnage ; tout donne à penser qu'ils s'accommoderaient d'une relation pauvre sexuellement à condition qu'elle soit tendre et sécurisante. Pour les femmes, les relations qu'on appelle sexuelles sont avant tout affectives et, en thérapie, contrairement aux hommes, elles parlent peu de sexe.

> Benoît et Annie sont mariés depuis 30 ans et ont deux enfants. Dès le début, la sexualité n'a pas été le point fort de leur couple ; Benoît est éjaculateur précoce et Annie est plus une mère de famille qu'une amante fougueuse. Néanmoins, leur couple est solide et ils sont profondément attachés l'un à l'autre. Lors d'un stage de développement personnel proposé par son entreprise, Benoît a été incité à se lâcher, à expérimenter de nouvelles formes d'épanouissement. Cela l'a amené à démarrer une liaison torride avec une femme beaucoup plus jeune. Cela fut trop pour lui et il a sombré dans un état dépressif majeur, qui a nécessité une hospitalisation en clinique psychiatrique.
>
> À sa sortie de clinique, Benoît a tiré le bilan : « Je ne suis pas fait pour les grandes passions et les excès. Ma femme et moi sommes imparfaits : je ne suis pas un

grand amant, elle est complexée par sa silhouette et son excès de poids. Notre équilibre tient à ça. »

La revendication de l'asexualité

La chasteté gagne du terrain, et ceux qui ne pratiquent pas commencent à le faire savoir. Dès 2001, un Américain de 23 ans, David Jay, a créé le site Web AVEN (Asexual Visibility and Education Network[1]), pour défendre la *A-pride attitude* (attitude de la fierté asexuelle) et dire tout haut ce que beaucoup vivent dans le secret, la culpabilité ou la souffrance. Il ne s'agit aucunement d'un mouvement puritain ou religieux et ce groupe cherche à se démarquer d'une nouvelle morale de l'abstinence qui sévit aux États-Unis depuis les années 1990, dans le but de contrôler la jeunesse afin d'éviter le sida, les maladies sexuellement transmissibles et les grossesses des adolescentes. Des associations comme True Love Waits (« Le vrai amour attend ») se consacrent ainsi à la propagande de la chasteté dans les campus universitaires ; et 2,4 millions de jeunes se sont engagés auprès de l'Église baptiste à arriver vierges au mariage.

Pour les asexuels, au contraire, il n'est pas question de chasteté ou de pureté, mais d'un désintérêt pour le sexe. Des hommes et des femmes sont prêts à échanger l'acte sexuel contre un bon bouquin, rejoignant ainsi la femme représentée par la dessinatrice Maïtena sur un sac publicitaire espagnol disant : *« Lo mejor que me he llevado a la cama ultimamente… lo encontré en la Fnac ! »* (« Ce que j'ai emmené de mieux au lit dernièrement, je l'ai trouvé à la Fnac ! »).

1. www.asexuality.org

Ceux qui pratiquent l'asexualité pensent que la sexualité n'est pas essentielle. Si une personne s'accommode d'une vie sans sexe, pourquoi faudrait-il que la société lui impose une norme qui ne lui convient pas ? Parmi les asexuels, certains n'ont jamais éprouvé le besoin de se rapprocher des autres et se définissent comme solitaires. D'autres ont une vie amicale et relationnelle riche, mais n'ont pas envie du « passage à l'acte » sexuel, moins par choix que par manque de désir.

Tout comme l'homosexualité était jusqu'à il n'y a pas si longtemps classée dans les manuels de classification psychiatrique parmi les perversions, choisir de ne pas avoir de rapports sexuels est pour le moment considéré comme une étrangeté, voire une pathologie. Quand les journaux nous encouragent à consommer du sexe comme de la mode, le manque de désir ne saurait être qu'un dysfonctionnement émotionnel, une sorte de glaciation du cœur. C'est d'ailleurs ce sentiment d'être hors norme qui pousse ceux qui restent chastes à le cacher à leur entourage, comme Isabelle, 54 ans, dirigeante :

> J'ai conscience d'être plutôt une femme séduisante, mais les hommes que j'ai rencontrés m'ont déçue et je n'ai pas envie de multiplier les vaines aventures. Comme j'ai une vie professionnelle très active, qui m'amène à sortir souvent le soir et à beaucoup voyager, quand on m'interroge sur ma vie amoureuse, je laisse planer un doute. Personne ne peut imaginer que je n'ai pas fait l'amour depuis bientôt six ans.

Mais, à côté des asexuels qui n'ont jamais été intéressés par le sexe, il y a ceux qui en sont revenus. Ils ont eu une vie sexuelle riche, ont parfois connu des expériences multiples, mais, pour différentes raisons, ils sont passés à autre chose. Ils ne sont pas contre l'acte sexuel, mais cela ne les intéresse plus. Il faudrait une passion forte pour qu'ils y repiquent. C'est le cas de Monique, 58 ans, employée de banque :

> J'ai été en couple, j'ai fait des enfants, après mon divorce j'ai pris des amants, mais la satisfaction que j'obtenais de ces rapports sexuels ne compensait pas les contraintes que m'apportaient ces relations. Maintenant, j'ai renoncé, je suis passée à autre chose. Je préfère la lecture, les voyages, les rencontres amicales.

Certains se disent déchargés du fardeau des pulsions impérieuses du sexe. Ils choisissent la sublimation, c'est-à-dire qu'ils déplacent leur libido vers une activité intellectuelle, artistique, professionnelle, etc. La sublimation implique un certain renoncement au pulsionnel, mais c'est un choix qui apporte des compensations, comme le dit l'historienne canadienne Élisabeth Abbott : « Les inconvénients liés à l'absence de vie sexuelle sont compensés par une plus grande disponibilité et par un nouveau bien-être[1]. » Dès lors, tous les autres plaisirs des sens prennent une intensité particulière, cela ouvre les portes d'un nouvel univers où le sentiment d'être soi est particulièrement intense, où l'énergie libidinale est déplacée vers la nature, l'amitié, la création. Ces personnes n'ont pas envie de perdre leur temps dans une relation qui n'apporte rien. Elles compensent par une richesse intérieure l'absence de relations sexuelles.

Pour d'autres, la chasteté s'apparente à l'anorexie ; ce serait une réaction de défense, une façon de s'aligner sur une pensée altermondialiste qui refuse la surconsommation mer-

---

1. Élisabeth ABBOTT, *Histoire universelle de la chasteté et du célibat*, Fides, Montréal, 2001.

cantile. Quand on est plein de soi, il n'y a plus de place pour le désir. Est-ce que cela ne correspondrait pas à l'impuissance devant la vie décrite par Alain Ehrenberg[1], face à l'injonction de réussite dans tous les domaines ? On voit aussi de plus en plus de femmes qui se désintéressent de la sexualité parce que c'était le lieu où elles étaient assujetties par les hommes et qu'elles considèrent que le sexe reste pour certains hommes un outil de domination.

Dans le couple, le sexe est un ingrédient beaucoup moins important qu'on le dit. Un nouveau mouvement se fait d'ailleurs jour de couples sans activité sexuelle, c'est ce que l'Église appelle la « chasteté conjugale ». Il s'agit d'une vie de couple fondée sur la fidélité, le respect de l'autre, un amour intense, très peu sur la sexualité. Ces couples ont placé leur libido sur un autre terrain et trouvent une harmonie avec une fréquence de rapports très ralentie, voire nulle. Ils dénoncent la virilité machiste qui consiste à utiliser les femmes pour un assouvissement sexuel brutal. Ils veulent réhabiliter le désir. Dans le lien désirant qu'un individu établit avec sa compagne ou son compagnon, il n'y a pas que le sexe, il y a aussi un amour non sexuel et un lien que l'on pourrait qualifier de social. La maîtrise des débordements de la vie pulsionnelle est alors perçue comme relevant du registre de la pureté, du noble et de l'élevé.

En fait, ces couples ont toujours existé, par exemple après une crise conjugale de milieu de vie, mais ce qui est nouveau, c'est que ce choix se retrouve actuellement chez de jeunes couples autour de la trentaine. Pour eux, le sexe est une activité secondaire, ils préfèrent s'épanouir dans leur vie professionnelle ou dans le militantisme.

---

1. Alain EHRENBERG, *La Fatigue d'être soi*, *op. cit.*

L'asexualité n'est pas une névrose

Est-ce que l'asexualité est une orientation sexuelle, au même titre que l'hétérosexualité, l'homo ou la bisexualité ? Ou est-ce un refoulement de la pulsion sexuelle ? Les chercheurs n'ont commencé à s'intéresser au sujet que depuis peu. C'est comme si, jusqu'alors, le concept d'asexualité ou d'inactivité sexuelle n'avait pas été prévu dans les programmes de recherche. Néanmoins, dans les années 1990, des équipes américaines ont montré que si on place de jeunes béliers parvenus à maturité sexuelle seuls avec des femelles dans un enclos à dix-huit reprises, 10 % restent indifférents. Si on les place ensuite avec des mâles et des femelles, 2 % à 3 % ne montrent aucun signe d'intérêt ni pour les mâles ni pour les femelles. Ce qui correspondrait peu ou prou aux chiffres des asexuels parmi les humains.

Quoi qu'il en soit, des psychanalystes et des sexologues s'inquiètent ; des médecins nous disent que si on perd tout intérêt pour le sexe, il faut consulter un spécialiste qui nous aidera à résoudre le « problème ». Ils pensent que la sexualité est au cœur de notre vie et que son absence ne peut que provoquer des frustrations inconscientes qui risquent de retentir sur notre vie psychique. Ils proposent donc des thérapies pour réparer les mécaniques sexuelles défaillantes, pour relancer le désir.

C'est Freud qui introduisit l'idée qu'une personne névrosée souffrait d'un trouble dans son épanouissement sexuel. Il s'ensuivait donc qu'une personne heureuse et en bonne santé devait avoir une vie sexuelle satisfaisante. Quand on demandait à Freud ce qui constituait la bonne santé psychologique, il répondait que c'était les facultés d'aimer et de travailler. Pour lui, la guérison d'une névrose passait par la faculté d'atteindre l'orgasme. Mais en cela, il ne se posait pas la question du partenaire et de la relation dans son entier. À sa suite, la plupart des psychanalystes, confondant relations humaines et relations sexuelles, considèrent que la névrose représente une incapacité à former des relations humaines satisfaisantes. En insistant ainsi sur l'importance des rapports intimes, ils négligent d'autres façons, tout aussi pertinentes, de parvenir à un épanouissement. La libido n'est pas constituée uniquement des pulsions sexuelles, c'est aussi une énergie, une force qui peut être sublimée et se transformer en force sociale.

Certains médecins se réfèrent à des constantes biologiques telles que le taux de testostérone ou le taux de dopamine cérébral pour expliquer le manque de désir sexuel. Cependant ces asexuels, à la différence des frustrés sexuels, ne sont pas déprimés, ils ont envie de sortir, de voir des amis, de rire, de boire du bon vin, d'apprécier la bonne nourriture. Le problème est donc ailleurs.

La caractéristique constante de ceux qui ont fait le choix de renoncer à la sexualité est une volonté de ne pas se disperser, de ne pas jouer le jeu des rencontres fugaces et de l'injonction de jouissance de notre société. Plus que d'un refus du sexe, il s'agit d'un refus d'une superficialité des rencontres. Il est donc faux de dire que le désir n'existe plus, il n'est simplement plus où nous l'attendons. Pourquoi critiquer ceux qui ont fait ce choix intime ? À partir du moment où le taux de natalité ne baisse pas en France, quel préjudice apportent-ils à la société ?

De la même façon, nous devons réviser nos préjugés, trop souvent encore négatifs, face à la solitude. Loin d'être toujours le signe d'un trouble de caractère, le fait d'être seul(e) peut être au contraire – de plus en plus souvent, d'ailleurs – celui d'une personnalité riche.

12
La capacité d'être seul

« Je ne suis jamais seul avec ma solitude. »

Georges Moustaki.

La capacité de rester seul est une ressource précieuse qui permet d'être en contact avec ses sentiments les plus profonds, de développer son imagination créatrice et de mieux supporter la perte. Cette capacité s'acquiert dans l'enfance. Durant les premiers mois de vie et la petite enfance, l'attachement à la mère ou à son substitut est essentiel pour la survie de l'enfant. John Bowlby, psychanalyste à la Tavistock Clinic de Londres, en observant les enfants qui avaient été séparés de leur mère par la guerre, avait développé dans les années 1960 sa théorie de l'attachement. Sa conclusion était que les enfants avaient essentiellement besoin de nourriture et de chaleur ; et la mère, au départ, en est la source. Faute de mère, ils s'attachent à une mère de remplacement.

Par la suite, le psychanalyste américain René Spitz a corroboré cette hypothèse à partir d'une expérience sur des singes. Des bébés singes ont été nourris par deux sortes de « mères de substitution », des artefacts munis d'un système d'alimentation, les unes rigides, en fil de fer, donnant une nourriture riche, les autres moelleuses, en velours, mais dont le lait était plus pauvre. Les petits singes se développant le mieux étaient ceux qui, même s'ils étaient moins bien nourris, avaient une mère moelleuse.

L'indispensable apprentissage de la solitude dans l'enfance

Les psychanalystes, en particulier ceux de l'école anglaise du XXe siècle, se sont intéressés aux vécus de séparation. Le psychiatre anglais Donald W. Winnicott considérait la capacité d'être seul en présence de la mère comme un signe important de la maturité du développement affectif : « J'essaie de justifier le paradoxe selon lequel la faculté d'être seul est fondée sur l'expérience d'être seul en présence de quelqu'un et ne peut se développer si cette expérience n'est pas suffisamment répétée. Ce n'est que lorsqu'il est seul (c'est-à-dire seul en présence de quelqu'un) que le bébé est à même de découvrir sa vie personnelle[1]. »

Plus tard, un enfant sûr de la disponibilité de sa mère aura envie d'explorer son environnement immédiat et de se rapprocher d'autres enfants. Ceux qui ont eu la chance d'avoir une mère suffisamment présente, mais aussi sachant s'absenter, sauront supporter la solitude sans angoisse. Dans *Au-delà du principe de plaisir* (1920), Freud raconte qu'il avait observé son petit-fils âgé de dix-huit mois jouant à envoyer une bobine loin de sa vue en criant *« Fort ! »* (« loin » en allemand), puis, la bobine ayant roulé

1. Donald W. Winnicott, « La capacité d'être seul », dans *De la pédiatrie à la psychanalyse*, Payot, Paris, 1969.

sous le divan, il la ramenait en tirant sur le fil et en disant *« Da ! »* (« là »). Freud comprend qu 'à travers cette bobine qui s'éloigne, disparaît mais réapparaît, l'enfant apprenait à maîtriser l'absence : « Maman s'en va, elle me manque, mais elle va revenir ! »

Si cet apprentissage ne se fait pas, en raison d'un traumatisme ou d'une trop grande fragilité du moi, ce sera la détresse à chaque éloignement et, souvent, une réelle difficulté d'aimer à l'âge adulte, comme en témoigne Bertrand, 42 ans :

> C'est l'ombre portée de mes parents qui m'empêche d'aimer. Le manque d'amour de mon enfance se retrouve dans mon manque d'amour actuel. C'est comme un élan qui ne vous a pas été donné au départ.

Notre attitude face à la solitude imposée par des événements de vie est donc liée à l'apprentissage que l'on en a fait dans l'enfance. Quand on n'y a pas été préparé enfant et qu'on s'y trouve un jour rejeté à cause d'une séparation, d'un deuil ou d'un changement professionnel, on va alors confondre la souffrance de la séparation et la solitude. Or c'est l'absence de l'être aimé qui est douloureuse, pas la solitude. Si on supporte mal celle-ci, c'est aussi qu'on nous a élevé dans l'idée que seul le regard d'autrui nous fait accéder à l'existence, que le bonheur affectif est lié uniquement à la présence de l'autre.

Il est ainsi des mères qui envahissent leur enfant, qui remplissent tout leur espace psychique, ne leur laissant jamais l'opportunité d'apprendre la solitude. Parce qu'elles-mêmes ont du mal à être seules, elles sont angoissées à la vue d'un enfant solitaire, car elles confondent solitude et tristesse. Ce sont ces mêmes personnes qui sont angoissées par le silence de l'autre : « Dis-moi quelque chose ! » Pour elles, tout silence est hostile, il faut boucher les trous, parler, même de n'importe quoi. Ces mêmes personnes, pour compenser le caractère négatif qu'elles attribuent à la solitude, la remplissent avec des activités, avec du lien, même artificiel. Il leur faut sans cesse être collées à l'autre, car elles ont le sentiment que, sans le contact, le lien d'amour se brise.

Ces personnes confondent l'amour et la dépendance. Elles ne peuvent se passer de l'autre et, aliénant ainsi leur liberté et celle de l'autre, elles souhaitent en permanence être en sa présence. Pourtant, le constat est ancien, l'amour nécessite de la distance. Si l'on est trop près, on ne voit plus l'autre. Les enfants doivent apprendre qu'amour ne rime pas automatiquement avec dépendance, apprendre à s'isoler en présence de l'autre, être capable de jouer ou de dessiner alors que maman fait la cuisine, être confiant dans l'amour de l'autre, sans vérifier en permanence qu'il est là.

« Il vous faut aimer votre solitude »

Pour avoir une certaine estime de soi, il faut avoir le sentiment que l'on peut être aimé pour soi-même et non uniquement en fonction des rapports d'intimité. Quiconque n'existe pas par lui-même souffrira plus de la solitude et de l'isolement, car cela le confrontera à son vide intérieur. Accepter la solitude, c'est cesser de dépendre du regard de l'autre et assumer la responsabilité de ce que l'on est, savoir ce que l'on vaut par soi-même, compter sur soi et non sur les autres. Montaigne recommandait déjà de se déprendre de l'appropriation des autres : « Faisons que notre contentement dépende de nous, déprenons-nous de toutes les liaisons qui nous attachent à autrui, gagnons sur nous de pouvoir à bon escient vivre seuls et y vivre à notre aise[1]. » Ce que confirmait Rousseau : « Tout attachement est un signe d'insuffisance : si chacun de nous n'avait nul besoin des autres, il ne songerait guère à s'unir à eux. »

Savoir être seul permet de s'affirmer, de se plaire suffisamment pour ne plus être dépendant de l'autre et de son jugement ; ne plus se préoccuper de ce qu'il pense et, au lieu de le percevoir comme un rival, le considérer comme un compagnon de voyage. Pour avoir une relation riche et épanouissante avec un partenaire, il importe donc de garder une distance suffisante, de ne pas être dans la fusion. Personne ne peut vivre, aimer ou souffrir à notre place. Tout au plus pouvons-nous soutenir l'autre, compatir à sa souffrance. Respecter l'autre, c'est respecter son identité et son territoire psychique.

En acceptant d'aller au bout de son sentiment de solitude, on peut explorer ses ressources personnelles, car c'est à travers les difficultés de la solitude que se fait l'apprentissage de l'autonomie et de l'amour de soi. Claudia, 50 ans :

> Je ne souffre pas de la solitude en tant que telle, mais plus du manque de contacts enrichissants. Ce n'est pas grave d'être seule le soir et de se faire à manger.

Il faut donc acquérir une certaine autonomie, une capacité à ne pas vivre exclusivement à travers les autres, voire savoir tenir plus à sa liberté qu'à la rencontre avec les autres. Tel a été le choix résolu, pas toujours facile à vivre, de Christian, 62 ans :

---

1. MONTAIGNE, *Essais, I. Les caractères*, « De l'homme », 1580.

> La maxime de toute ma vie a été la « non-appartenance » à une famille, à un clan, à un groupe. Je n'ai jamais voulu de modèle, je n'ai pas eu de réseau. J'ai toujours eu la hantise qu'on me contraigne à être autre. J'ai mené mon chemin de solitaire. Pendant mon service militaire, j'ai failli devenir fou. Plus tard, à chaque fois qu'une femme a été trop dominatrice, j'ai réagi violemment et je suis parti. Mais la société vous fait payer la non-appartenance.

Disons-le, on est plus ou moins doué pour la solitude. Certains se sont entraînés dès leur plus tendre enfance – c'est ainsi que l'écrivain Patrick Modiano, oublié par une mère égoïste et un père indifférent, placé très jeune en pension, a été d'emblée un enfant solitaire. D'une façon générale, les personnes qui auront passé une bonne partie de leur temps toutes seules pendant leur enfance, auront plus que d'autres la possibilité de développer des capacités créatives et se tourneront plutôt vers des activités nécessitant de la concentration et de l'imagination, car cela leur aura permis de développer des qualités d'observation. Ces mêmes personnes, à l'âge adulte, ne seront pas dans la nécessité constante de la présence de l'autre, elles feront passer leur lien amoureux ou conjugal après leur activité de création. Cela aura également développé chez elles une grande sensibilité et une plus grande disponibilité à l'écoute des autres.

Pour permettre le développement de l'imagination chez un enfant, il faut lui laisser un espace et du temps pour s'isoler. Bertrand, 42 ans, s'en souvient :

> Quand j'étais enfant, mon père qui travaillait dur toute la semaine, emmenait toute sa petite famille à la pêche le dimanche matin. Je détestais l'idée de partir tôt dans la campagne humide et ensuite d'attendre une prise éventuelle ; et, de toute façon, l'odeur des poissons d'eau

douce me révulsait. Arrivés sur place, mon père s'installait et moi j'allais explorer les environs à la recherche d'un endroit confortable pour m'installer avec mes bouquins et mes rêves. Je m'isolais, c'était ma façon de bouder.

Il y avait un endroit que j'affectais particulièrement, un arbre couché au-dessus de la rivière, recouvert de branchages. Cela faisait comme un lit à baldaquin au-dessus de l'eau. Caché dans le feuillage, je pouvais voir mes parents sans être vu et dominer le monde. Depuis, à chaque fois que j'ai eu besoin de me ressourcer, j'ai cherché une rivière similaire à celle-ci.

La capacité d'être seul est souvent le fait de personnalités fortes, dont le caractère a été forgé dans l'enfance, ou bien elle peut avoir été imposée par les circonstances de la vie puis acceptée et apprivoisée, pour finir parfois par être revendiquée comme un choix : ces personnes ont trouvé dans la solitude une liberté à laquelle il leur est ensuite difficile de renoncer.

Les expériences de solitude sont aussi des expériences d'apprentissage. Le rapport positif à la solitude constitue une étape importante de maturation. Cela nous permet de chercher en nous nos dimensions intérieures et de nous ouvrir à la création car, quand on est seul, toute sensation, toute pensée se trouvent aiguisées. C'est le message que le poète Rainer Maria Rilke a tenté de transmettre à un jeune poète : « C'est pourquoi, cher monsieur, il vous faut aimer votre solitude et supporter, à travers des plaintes aux beaux accents, la souffrance qu'elle vous cause. [...] Ce qui est nécessaire, c'est seulement ceci : la solitude, la grande solitude intérieure. Pénétrer en soi-même et ne voir personne durant des heures, voilà ce à quoi il faut être capable de parvenir[1]. »

---

1. Rainer Maria RILKE, *Lettres à un jeune poète*, Gallimard, coll. « Folio classiques », Paris, 1993.

Accéder à son intériorité

Malheureusement, trop souvent, l'éducation contemporaine prépare mal à l'autonomie : on n'apprend pas assez à se suffire à soi-même. À notre époque, de plus en plus de personnes développent ce que les psychiatres appellent un « faux self » (un faux moi), c'est-à-dire un mode de fonctionnement destiné à convenir aux désirs d'autrui plutôt qu'à leurs propres désirs ou sentiments. Elles sont hyperadaptées au monde moderne, mais n'ont pas acquis les moyens de faire face à une rupture.

Pourtant, celui qui a fait l'apprentissage de la solitude sera plus fort face aux événements douloureux de la vie, séparations et deuils, tandis que celui qui en aura été préservé réagira moins bien en cas d'abandon ou de frustration. Et beaucoup n'ont pas appris que le fait de perdre l'amour de l'autre n'est pas nécessairement une catastrophe irrémédiable : le simple fait de l'avoir vécu devrait au contraire aider à s'en remettre. « Pour vivre, explique ainsi l'écrivain Christian Bobin, il faut avoir été regardé au moins une fois, avoir été aimé au moins une fois, avoir été porté au moins une fois. Et après, quand cette chose-là a été donnée, vous pouvez être seul. La solitude n'est plus jamais mauvaise[1]. »

Certes, quand on vient de vivre une séparation, il y a d'abord un deuil à faire d'un couple ou de ce que l'on croyait une histoire d'amour. Mais, passé le choc, il y a souvent une renaissance, comme en témoigne Jeanne, 45 ans :

---

1. Christian BOBIN, « L'irradiance du dénuement », in *La Grâce de solitude*, Albin Michel, Paris, 2006.

> Au début, le silence est assourdissant. On rentre et il n'y a personne à la maison. On retrouve sa tasse vide là où on l'avait laissée. Et puis on s'habitue. On peut s'étaler dans le lit, lire jusqu'au milieu de la nuit, manger, fumer, sans que personne ne vienne se plaindre. La première fois que l'on part en vacances seule, c'est épouvantable, puis les gens viennent vers vous, on échange autrement. La difficulté se situe dans les remarques culpabilisantes de l'entourage : « Tu devrais faire un effort de séduction ! », « Tu es trop exigeante ! »

Pour emplir leur solitude, certains ont pris l'habitude de parler dans leur tête à un interlocuteur privilégié. C'est rarement le partenaire quotidien, mais bien plus souvent un amoureux potentiel à qui on raconte ses aspirations, ses interrogations et ses doutes. C'est aussi ce qui se passe en psychanalyse entre les séances : « Je lui dirai… » – et même si aucune parole ne sort pendant la séance suivante, elle s'exprime intérieurement. Actuellement, faute d'interlocuteurs, de plus en plus de personnes se font à elles-mêmes ces réflexions intérieures et prennent du temps pour écrire un journal intime. « Intime » : le mot est important, car il s'agit d'être attentif à soi-même, non d'une façon égoïste, mais pour accéder à son intériorité.

Reste qu'une solitude imposée au départ peut être ensuite aggravée : « Puisque c'est comme ça, je n'ai plus envie de sortir, de voir des gens ! » Elle entraîne alors un repli sur soi, un abandon de soi confinant à un état dépressif. Ces individus rejoignent les pseudo-solitaires qui se plaignent que personne ne vient vers eux, ou plus exactement que personne d'intéressant ne vient vers eux, alors qu'ils ne vont jamais vers les autres. Ces attitudes de retrait correspondent à un mépris du monde :

> Depuis que son mari l'a quittée, Emma, 63 ans, médecin en préretraite, a cessé de vivre. Elle qui avait toute sa vie été très active professionnellement ne s'intéresse plus à rien. Il ne s'agit pas d'un état dépressif réactionnel, comme on peut le voir fréquemment à la suite d'une rupture, mais d'un détachement qui n'est nullement modifié par les antidépresseurs. Pour elle, la vie sans son mari est inconcevable. Certes, elle s'oblige à voir des amis, mais cela ne l'intéresse pas vraiment.

Parfois, c'est le manque de confiance en soi qui amène à s'isoler : « Je tiens mes distances, car je doute que l'on puisse s'intéresser à moi. Les gens ont mieux à faire que de venir vers moi ! » Stéphane, 34 ans, aide-soignant :

> Ce qui me déstabilise – je dirai même, ce qui me fait souffrir –, c'est de ne pas être adéquat dans ce monde. Bien sûr, je fais bien mon travail, je suis sociable, bien accueilli partout, mais j'ai souvent l'impression d'être à la limite, qu'il suffirait d'un détail pour que l'on repère mon inadéquation.

Lorsqu'on a vécu toute sa vie uniquement en fonction d'un seul objectif ou un seul être, on peut se retrouver dramatiquement esseulé quand il disparaît. Ceux qui n'avaient vécu que pour leur travail sont ainsi souvent désemparés à l'âge de la retraite. De la même façon, les conjoints qui n'avaient vécu que pour l'autre s'écroulent en cas de séparation. Ces personnes fragiles sont des proies rêvées pour les sectes, qui s'appuient sur leur crainte de la solitude afin de les recruter : « Venez chez nous, vous ne serez plus jamais seul, nous sommes une grande famille ! »

Et pourtant, se retrouver seul peut être l'opportunité d'explorer son univers intérieur, car la réflexion et la maturation ne peuvent se faire que dans une certaine solitude. C'est ce constat, plus ou moins conscient et assumé, qui amène un nombre croissant de nos contemporains à choisir de vivre seuls, sans être pour autant coupés des autres, et à y trouver une nouvelle plénitude.

13
La solitude choisie

« Je suis résigné à vivre comme j'ai vécu, seul, avec ma foule de grands hommes qui me tiennent lieu de cercle, avec ma peau d'ours, étant un ours moi-même. »

Lettre de Gustave Flaubert à sa mère.

Le choix de la solitude est certainement difficile à une époque qui pousse vers des solutions de facilité, alors qu'il permet souvent une vie intérieure riche et créative. Face au « toujours plus » de notre société hyperactive se manifeste de plus en plus un besoin d'air, d'espace vide, un besoin de hiérarchiser les éléments essentiels de notre vie afin de chercher du sens et de l'amour. En effet, notre monde nous laisse peu de place pour la solitude, ce qui est valorisé, c'est le « vivre ensemble ».

Se ressourcer

Si beaucoup s'agitent dans le travail et les loisirs pour ne pas voir qu'ils sont seuls, en réaction, d'autres, de plus en plus nombreux, ressentent le besoin de se dégager d'un certain nombre d'obligations qui les encombrent. Quand on est en permanence dans l'action ou l'agitation, on n'a pas la possibilité de développer sa pensée ; un espace libre pour la réflexion est pourtant une nécessité et il faut parfois savoir se mettre « en jachère » pour améliorer son terreau. Dans notre monde contemporain, il est difficile d'être seul et en silence. Entre le téléphone portable, le lecteur MP3 et la musique d'ambiance dans les boutiques, les avions et les halls d'hôtel, nous sommes dans une surcharge sensorielle permanente. D'ailleurs, le bruit est tellement habituel dans la vie citadine que beaucoup de gens se sentent mal à l'aise quand il n'y en a pas. Voici ce que dit Nadia, 42 ans, mariée, deux enfants, cadre commercial :

> Je mène une vie très active. Je suis une femme sérieuse, fiable. Enfant, quand j'avais fini mes devoirs, ma mère me disait : « Mais ne reste donc pas là à rien faire ! » Et elle me trouvait des occupations : l'aider à la cuisine, ranger ma chambre, faire une course. J'ai ainsi appris à être efficace. Maintenant, au travail, toute la journée les autres m'envahissent, je dois être présente pour eux, disponible, forcer mon amabilité, m'oublier. Quand je rentre à la maison, mes enfants m'accaparent, ils ont besoin que je sois tout à eux ; mon mari, même s'il s'en défend, est possessif et, si je suis un peu perdue dans mes rêves, il est persuadé que je me détache de lui. Je dois alors le rassurer.
>
> Moi, j'aurais besoin d'espace, d'être ailleurs, disponible pour moi seule. Il me faudrait un espace vide, me rendre injoignable, éteindre le portable, l'ordinateur, refuser toutes les invitations et me mettre au chaud sous la couette avec un bon bouquin. J'aimerais partir loin, au bout du monde, sur une île, sans comptes à rendre. Marcher seule pour laisser ma pensée errer, retrouver mon monde intérieur, laisser aller mon imagination.

> Mais, dans la vie que je mène, il n'existe aucun espace pour cela.

La dose de solitude nécessaire est propre à chacun. Que l'on vive seul, en couple ou en famille, il est important de se donner – et de donner à l'autre – des moments et des lieux de solitude, car aimer l'autre, c'est accepter sa part inaccessible. C'est sans doute ce qui explique l'engouement actuel pour le jardinage ou le bricolage. Montaigne ne disait-il pas : « Il se faut réserver une arrière-boutique toute nôtre, toute franche, en laquelle nous établissons notre vraie liberté et principale retraite et solitude[1]. » Anna, 56 ans, dit qu'elle a toujours eu besoin d'un espace vide autour d'elle :

> Enfant, ma mère m'a toujours envahie de sa présence ; elle ne me laissait jamais seule. Comme nous n'avions pas beaucoup d'argent, je n'ai jamais eu de chambre à moi jusqu'à ma majorité. J'avais besoin de silence et ma mère était bavarde. Alors je prétextais des devoirs à faire, des leçons à apprendre pour m'isoler. À la fin de mes études, je me suis mariée ; mais, même si je l'aimais, la cohabitation avec mon mari m'a pesée, car il m'imposait une relation très fusionnelle. Il voulait que nous fassions tout ensemble : par exemple, s'il regardait la télévision, il ne comprenait pas que je préfère lire dans mon coin.
> Maintenant je vis seule, je pars seule en vacances. Je vois des amis, mais uniquement quand je veux, pas trop souvent. Quand je suis invitée, il arrive que je me serve du prétexte du travail pour refuser. Je ne me sens pas seule, car il y a des gens que j'aime et qui

1. MONTAIGNE, *Essais, I. De la solitude*, 1580.

> m'aiment. Mes vrais amis ont compris mon besoin d'espace et ne m'envahissent pas.

Avoir un espace pour s'isoler est un luxe qui n'est pas accessible à tous – d'où la publicité de Renault pour ses voitures Espace : « L'espace est un luxe. » C'est pourquoi de plus en plus de personnes cherchent à se « nettoyer » de leurs enveloppes de pression et de stress dans des lieux retirés, refuges ou monastères. À une époque où l'action et l'immédiateté priment, il est en effet essentiel de garder une place pour la méditation et les sentiments intérieurs, d'oser s'abstraire des sollicitations extérieures et de la toute-puissante communication, d'oser éteindre la télévision et ranger son lecteur MP3.

Si nous voulons cesser d'être dans la fuite perpétuelle, il nous faut prendre le temps de regarder à l'intérieur de nous-mêmes, car la crainte de la solitude et du silence crée une société sans profondeur. Lara, 45 ans :

> Mes compagnons, mes amis ont toujours eu du mal à comprendre mon goût pour la solitude. Même si on me décrit comme une femme extrêmement conviviale, la présence des autres au quotidien me pèse. Lorsque je vivais en couple, j'attendais avec impatience les déplacements professionnels de mon mari. Lui était désolé : « Tu ne vas pas t'ennuyer ? » Moi, j'étais ravie, enfin du temps à moi, pouvoir gérer mon temps comme je veux, ne rien prévoir pour le dîner, ne pas avoir à parler. Certes, on pourrait m'objecter que c'était facile, puisque je savais qu'il allait revenir, mais, depuis que nous sommes séparés, je n'ai plus jamais voulu d'homme au quotidien à la maison.

À force d'agir et de réagir, il arrive que nous soyons prisonniers de nos schémas habituels. Pour s'en libérer et apprendre de nouveaux modes de fonctionnement, il importe de se poser dans un espace vide, une sorte de sas qui permet de décanter les expériences antérieures. Il ne s'agit pas d'une fuite méprisante du monde, mais d'un besoin d'entrer à l'intérieur de soi, pour approfondir le silence. C'est une expérience intérieure riche qui permet de se retrouver, loin de l'agitation du monde.

Être soi-même

À un moment où les partenaires sont devenus de plus en plus exigeants, le célibat, ou tout au moins la non-cohabitation, permet aussi de ne plus craindre le regard de l'autre. On peut se laisser aller à manger ce que l'on veut, quand on veut, à traîner le matin en vieux pantalon confortable et en pantoufles, etc. Il ne s'agit pas de se laisser aller, mais tout simplement d'être bien sans craindre le jugement de plus en plus dur du (de la) partenaire. Il y a une sorte de paix à vivre seul, à ne pas avoir à cacher certaines faiblesses. Gina, 51 ans :

> Enfin, je peux me permettre l'inaction, heureuse d'avoir enfin du temps pour moi, de ne pas être obligée de faire quelque chose tous les soirs ou tous les week-ends.

Il existe dans le célibat une disponibilité qui amène à parler à des inconnus et à faire de nouvelles rencontres. En couple, même non fusionnel, on a tendance à se replier sur le noyau familial, à moins voir ses amis, alors que pour un célibataire la vie affective est à l'extérieur. Elle ouvre sur une vie sociale plus riche, les amis, la vie culturelle, les associations, le bénévolat.

À une époque où, comme on l'a vu, la plupart ne font que répliquer du même, la vie en solitaire permet de développer sa singularité, de raffermir sa propre pensée. Elle permet la liberté et l'esprit critique. C'est ne pas exercer d'emprise sur l'autre et ne pas laisser l'autre exercer son emprise ; c'est assumer ce que l'on est, ne pas rendre les autres responsables de son malaise intérieur ou de ses insuffisances. Être libre, c'est être soi, s'aimer suffisamment pour que son bonheur ne dépende pas uniquement de l'autre. Si on a suffisamment conscience de qui on est, et si on l'a accepté, on peut supporter d'être seul, de se savoir différent et ne pas se préoccuper du jugement des autres, comme le dit Gina :

> Je n'idéalise plus les rapports aux autres. J'ai connu mon lot de déceptions, de désillusions. Désormais, mon épanouissement personnel passe plus par une harmonie avec moi-même et avec la nature que dans les relations amoureuses.

C'est dans le silence et la solitude assumés que toutes nos capacités naissent et se construisent. Quand il est seul, l'homme doit ne compter que sur lui-même, il lui faut explorer ses propres ressources. Tel Robinson Crusoé sur son île, il doit inventer, sans s'appuyer sur les autres. La vie en solitaire, avec toutes les difficultés que cela occasionne, oblige à l'humilité, à ne pas s'illusionner sur soi-même : « Je ne suis que ce que je suis, et je n'ai à me plaindre que de moi-même. » Daniel, au chômage de longue durée, 60 ans :

> Depuis que ma femme est partie et que je n'ai plus de travail, c'est la solitude totale. Il y a une sorte de bien-être et de soulagement dans cette solitude, comme si j'allais enfin connaître le bout du bout.

> J'arrive au rien, à une sorte d'épure de bonhomme. Je suis face à moi, moi et mon corps, moi et mes douleurs. Très clairement, je préfère être seul devant une bière dans un bar que d'être face à une femme ou avec quelqu'un avec qui il ne se passe rien. Il me faut quelqu'un qui élève ma pensée, qui m'agrandisse. Bien sûr, tous les gens qu'on aime vous agrandissent un peu, mais il faut le talent de les trouver, de les entendre.

Une initiation

La solitude peut aussi être acceptée comme une *initiation*, un apprentissage, une recherche sur soi, car on n'arrive à sa vérité d'homme que le jour où on est face au vide absolu. Affronter sa solitude, c'est regarder en face sa peur de la mort – malheureusement, beaucoup préfèrent se divertir plutôt que, comme disait Pascal, « demeurer seul dans une chambre ». La solitude nous pousse à dépasser nos limites, elle nous donne de la force et de l'inspiration, parce qu'elle nous met en contact direct avec nous-mêmes. Elle nous permet de nous connaître et de nous accepter. Certaines expériences psychologiques essentielles ne peuvent se rencontrer qu'à l'intérieur de soi.

Certains auteurs ont distingué solitude choisie et solitude subie. C'est oublier que cet état nécessite toujours un apprentissage : une solitude au départ imposée peut ensuite être incorporée, valorisée et déboucher sur un monde d'intériorité. Il ne s'agit d'ailleurs pas d'un état absolu, mais d'une situation relative. Nous avons tous connu des moments de solitude que nous avons plus ou moins bien supportés, et nous en connaîtrons encore plus au fur et à mesure que nous avancerons dans la vie. Ce n'est pas grave si nous apprenons à l'aimer, à en faire une opportunité de développement et de création. Où est la vraie solitude ?

> Prenons l'exemple d'Inès : elle n'avait jamais vécu seule. En quittant ses parents, elle avait vécu avec un premier mari avec qui elle avait eu des enfants. À la suite de son divorce, elle retrouva tout de suite un premier compagnon, puis un autre et n'eut pas le temps d'être confrontée à la solitude. C'est après le départ brutal de son second mari qu'elle s'est effondrée et a ressenti douloureusement la solitude. Pourtant, à ce moment-là, elle était entourée d'ami(e)s qui veillaient sur elle. Sa douleur n'était pas liée à la solitude, mais à l'absence, au manque d'un être aimé : « Il ne m'aime plus. Est-ce que quelqu'un pourra encore m'aimer ? »
> C'est parce qu'elle avait en elle des capacités créatrices et une image suffisamment solide d'elle-même, qu'elle a pu progressivement émerger de son état dépressif. Désormais, Inès va bien, elle a des projets, refait de la musique, organise des soirées, part en voyage, mais elle est toujours sans amour. Est-ce encore de la solitude ? Il est probable qu'elle le ressent ainsi certains soirs, mais elle dit clairement qu'elle ne regrette pas sa vie de femme mariée et qu'elle a enfin découvert qui elle est vraiment.

En bien ou en mal, la solitude nous transforme. Certains vont vers de la sagesse et d'autres vers l'aigreur. Elle peut agir comme une initiation qui nous amène à concentrer le meilleur de nous-mêmes, mais elle peut aussi entraîner de la rancune, de l'aigreur, un durcissement. Certains préfèrent ainsi la solitude à la compagnie de leurs semblables, car cela leur permet de ressasser à loisir leur malheur et de se complaire dans la plainte, comme Daniel :

Je n'ai pas envie que quelqu'un entre dans mon intimité. D'une part, je me sens très vite envahi dans mon espace ; mais, d'autre part, je crains que, si on s'approche trop près, on puisse voir que je ne suis pas si bien que ça.

Lorsqu'il se poursuit trop longtemps accompagné d'un refus des autres, l'isolement peut entraîner un appauvrissement par manque d'échanges. Dans ce cas, la personne ne supporte plus l'agitation des autres, leurs petites manies. Elle se renferme sur elle-même et ne voit même plus les mains tendues.

Emma, une femme du même âge qu'Inès, est abandonnée brusquement par son mari ; mais, à la différence de celle-ci, elle ne s'adapte pas à son changement de situation parce qu'elle le refuse. Elle a les capacités intellectuelles et culturelles qui lui permettraient de s'ouvrir à une autre vie, mais elle ne le veut pas et se maintient dans une position de victime. Ses amis s'efforcent de la réconforter et de la distraire, mais ils finiront sans doute par se lasser. À partir d'un abandon, Emma construit une solitude rejet.

On voit à travers les exemples d'Inès et d'Emma comment la traversée d'une solitude permet de façonner son destin. Tout le monde n'a pas la même capacité de « descendre en soi », mais cela peut s'apprendre. On peut ainsi accéder à une forme de sagesse pour donner un sens à sa vie, accéder à un état positif permettant de partir à la recherche de soi-même. Ce temps nécessaire à la réflexion et à une quête de paix intérieure permet de s'éloigner d'un monde d'apparence. Anne :

> J'ai besoin très régulièrement de m'isoler. C'est ma façon à moi de me préserver. Je peux rester des jours entiers sans voir personne. Dans ces cas-là, je ne réponds pas au téléphone, je ne regarde pas mes courriels. Je me régénère.

Comme en résistance à une époque qui manque de sens, beaucoup sont aussi à la recherche d'une transcendance. Ils se mettent à l'écoute d'eux-mêmes et des autres. Devant l'agitation du monde, ils aspirent à une tranquillité de l'âme résultant de la modération et de l'harmonie. Il s'agit d'atteindre une sorte d'état neutre sans douleur ni plaisir, proche de l'ataraxie des stoïciens.

Les voyages initiatiques

Les inconditionnels du voyage en solitaire considèrent qu'il représente la liberté absolue, celle de voyager à son rythme, de changer ses plans au dernier moment, et surtout de faire des rencontres. C'est une occasion de mieux se connaître, de se dépasser, de prendre confiance en soi en affirmant son autonomie. On peut faire le point et, pourquoi pas, tenir un journal de bord ou des carnets de voyage.

Si une randonnée à plusieurs est plus conviviale, elle oblige à un cadre, à un rythme. La présence d'un compagnon de voyage vient souvent brouiller l'attention à ce qui est autour, l'autre envahit l'espace et empêche d'être ouvert au paysage. Au contraire, la marche solitaire permet de laisser aller sa pensée, de s'évader dans tous les sens du terme. Elle apporte liberté et bienfait spirituel. Comme dans une expérience de dépersonnalisation, le regard porté sur la nature est aiguisé, c'est comme si les émotions éprouvées seul se trouvaient concentrées, que la présence d'un autre venait les diluer. Jenny, 42 ans, infirmière :

> Seule, j'ai des bouffées de bonheur, des bouffées de jeunesse, je me sens d'une disponibilité infinie. Tout est possible. Quand je suis accompagnée, l'attention que je dois porter à mon compagnon ou à ma compagne me distrait du paysage, des autres rencontres possibles. On me dit souvent : « N'as-tu pas envie de partager cette joie ? » Certes, mais trop souvent l'autre vient rabattre mon enthousiasme ou bien ramène du futile, du quotidien et gâche ma disponibilité.

Quand on voyage seul, on ne vient aucunement déranger l'ordre du monde. Cela permet des rencontres qui ne se feraient pas si on était accompagné, car le voyageur solitaire est contraint d'aller vers les inconnus. La population locale vient beaucoup plus volontiers vers lui, plus facile à aborder, qui fait moins peur et attire la curiosité. On a envie de l'aider, de lui donner un renseignement, de lui parler des lieux. Il attire la sympathie, car on admire son courage ; et il attire parfois la compassion quand on prend conscience des difficultés que cela implique. Christine, 53 ans, célibataire, a commencé à voyager seule en Afrique, pour sortir de sa solitude relationnelle parisienne. Elle connaît bien l'Afrique et a même appris le swahili :

> Je me déplace en bus et en transports locaux et je ne rencontre aucun problème. Quand on est seule, on peut plus facilement trouver une place à l'avant du bus, se noyer dans la foule. Bien sûr, je ne prends aucun risque, je dis que je suis mariée et que je voyage seule parce que mon mari est resté en France pour son travail. Je me lève tôt, je me couche tôt.

> Ce qui est merveilleux quand on voyage seul, c'est qu'on ne dérange rien. Tout se passe comme si on n'était pas là, on absorbe tout. Tandis que quand on est à deux, on discute et, comme on est dans la relation à l'autre, on est moins réceptif au monde extérieur. Il y a certes des moments difficiles en fin de journée, à la nuit tombante, quand on aimerait bien partager les expériences de la journée, mais l'émerveillement des matins vient compenser ce manque. De toute façon, il vaut mieux que je sois seule, car qui accepterait de faire douze heures de bus certains jours pour aller admirer un coucher de soleil sur un lac ? Partout, je rencontre d'autres filles qui voyagent seules, rarement des hommes. Pourquoi ?

De la même façon, malgré la peur, le doute ou parfois la détresse, les navigateurs solitaires partent à la recherche d'eux-mêmes loin des convenances, des habitudes qui empoisonnent la vie dans le rapport aux autres.

Le choix des héros et des créateurs

Une relation intime n'est pas l'unique source de bonheur. La solitude est une ouverture qui permet de se détacher du monde pour aller vers d'autres possibles, que ce soit la création, une démarche religieuse, ou tout simplement l'amour. Elle permet de se concentrer tout entier à l'intérieur de soi. S'isoler, faire retraite, constitue une sorte de purification, de régénération. On voit ainsi s'affirmer de plus en plus une recherche d'équilibre personnel incluant santé physique et psychique, cette dernière étant vécue comme un art de vivre et une quête de sagesse et de sérénité. D'où le besoin accru d'espaces de silence, de lieux de méditation. C'est ainsi que, depuis quelques années, les retraites dans des monastères, quelles que soient les religions, sont devenues courantes.

L'homme est un être social qui, certes, a besoin d'interactions avec ses semblables, mais tout autant d'intérêts personnels. Et bien des individus hautement créatifs qui ne vivent pas de relations interpersonnelles intimes, mènent pourtant des vies très heureuses, car ils ont la passion de leur métier et un but important dans la vie. Ils ne sont nullement asociaux et entretiennent avec les autres des relations sociales chaleureuses. Ce n'est pas un hasard si la littérature, le cinéma, la BD, ont souvent mis en scène des héros solitaires qui, par leur indépendance, pouvaient aider les personnes en détresse et « sauver l'humanité ».

D'une façon générale, les créateurs ont besoin de solitude, car ils vont chercher à l'intérieur d'eux-mêmes la matière pour leur œuvre. La plupart des philosophes, penseurs, écrivains ou mystiques ont cherché leur inspiration dans une vie de solitude. Pour écrire son *Discours de la méthode*, Descartes avait éprouvé le besoin de s'enfermer dans un « poêle » (petite pièce bien chauffée) et Montaigne ne quittait sa fameuse « librairie » qu'en de rares occasions. D'autres s'enferment dans le silence des monastères, là où se sont retirés ceux dont Michaux disait qu'ils pratiquaient la « science du retrait enchanté ». Lors du discours qu'il prononça alors qu'il recevait le prix Nobel de littérature 2006, l'écrivain turc Orhan Pamuk insista quant à lui sur la nécessité pour un écrivain de « se retrouver seul dans une chambre pour se frotter à la foule de ses rêves ».

Des individus plus modestes font aussi le choix de se retirer du monde. Qu'ils soient gardiens de phare, explorateurs, navigateurs solitaires, moines ou nonnes, ils ont choisi une activité qui leur permet de valoriser leur goût pour la nature et la solitude. C'est ainsi qu'un Français, David Grangette, séjourne six mois par an seul dans une île de l'archipel des

Kerguelen pour s'occuper de son troupeau de moutons[1]. Comme beaucoup de solitaires, il dit que, dès l'enfance, il était timide et adorait être seul. À l'âge adulte, il a su trouver une activité lui permettant d'assouvir son goût pour la solitude. Le choix de la solitude, préalablement exceptionnel, dans les registres du religieux ou de l'héroïsme, est bien devenu une potentialité ouverte à tous, comme un cadeau luxueux que l'on peut se faire à soi-même.

Cependant, encore maintenant, la solitude est suspecte, elle fait peur. Elle doit rester une situation atypique, exceptionnelle. On l'accepte pour quelques figures fortes, des tempéraments exceptionnels, des originaux, des fous, conformément à une tradition ancienne – ainsi, dans les monastères, trop de solitude était par exemple autrefois assimilée au péché (un moine se devait d'être seul pour prier, mais sa solitude devait être dosée, sinon il risquait de tomber dans l'acédie, sorte de dépression d'ordre spirituel se traduisant par l'abattement et enlevant à celui qui en souffre son intérêt pour les actes de la religion).

Effectivement, la solitude est audacieuse, voire dangereuse. Elle agit parfois comme une drogue dont on devient dépendant. Souvenons-nous du navigateur Bernard Moitessier : en 1968, terminant en tête de la première course autour du monde en solitaire et sans escale, il abandonna la course pour un nouveau tour du monde : « Je continue sans escale vers les îles du Pacifique, parce que je suis heureux en mer, et peut-être aussi pour sauver mon âme. »

Le choix de la vie en solitaire reste donc contesté par beaucoup, y compris par certains psychanalystes, comme Alain Valtier : « On s'installe seul par défaut, parce que l'on n'arrive pas à constituer une cellule à deux. […] Vivre en

1. *Le Monde*, 5 janvier 2007.

solo n'est jamais un projet[1]. » En quelque sorte il y aurait selon lui les nantis, ceux qui ont réussi à se mettre en couple, et les autres qui auraient raté leur examen de passage.

Être disponible aux autres

Le choix de la solitude n'est pas un refus de l'autre ou une indifférence aux autres, mais une mise à distance qui, à notre époque où la mode est à la promiscuité, peut être, à tort, interprétée comme du rejet. Cela n'exclut pas la présence de l'autre, car si je suis en paix avec moi-même je me rends plus disponible aux autres : il s'agit simplement de refuser de se laisser vampiriser par l'autre. Pour être disponible aux autres, il faut auparavant s'éveiller à soi-même, être en paix avec soi-même. C'est l'expérience de Gina, 51 ans :

> Singulièrement, je me sens moins seule depuis que je vis seule. Quand j'étais en couple, j'étais débordée par les activités ménagères, les soins aux enfants et mon travail. Quand nous recevions, j'étais plus préoccupée de réussir ma soirée que de passer un bon moment. On se recevait entre couples… Maintenant, je vois qui je veux, je parle à qui je veux, je sors plus… D'une façon générale, je suis plus disponible aux autres et, bien sûr, les autres viennent plus vers moi.

On confond trop souvent le narcissisme avec la solitude, mais le processus est en réalité inverse : Narcisse est seul parce qu'il est entouré de miroirs qui l'empêchent de voir

---

1. « Débat : vivre en solo : un désir inconscient ? », *Psychologie Magazine*, avril 2003.

ceux qui sont autour de lui ; au contraire, le solitaire s'appuie sur lui-même. D'ailleurs Pascal disait : « L'homme qui n'aime que soi ne hait rien tant que d'être seul avec soi. »

À tort, on associe la solitude à l'égoïsme et à l'égocentrisme, alors que la vie seul, et en particulier le célibat, peut permettre une ouverture au monde que ne permet pas la vie de couple, et la solitude joue parfois un rôle de propulseur pour aller vers quelque chose d'autre. La difficulté d'établir des relations solides dans un monde incertain amène les personnes à se replier vers d'autres aspirations. Le manque, l'échec, la souffrance servent alors de levier pour progresser. On peut y puiser la force pour inventer d'autres liens.

La capacité d'être seul, parce qu'elle nous rend disponible à l'autre, nous rapproche de l'amour, non pas au sens du coup de foudre passager, mais beaucoup plus d'une communion avec l'autre. Alors que beaucoup s'imaginent que l'amour va mettre fin à leur solitude, c'est au contraire la capacité d'être seul qui permet la disponibilité pour l'amour. Quand on cesse de croire que l'autre va vous réparer, qu'on n'attend plus de lui qu'il vienne mettre fin à vos angoisses, de nouveaux liens peuvent se mettre en place.

Les solitaires sont plus exigeants sur la qualité des relations qu'ils entretiennent avec les autres. Face à un monde où les rapports humains tendent à se réduire au travail et au sexe, c'est-à-dire des rapports d'intérêt et de séduction, se sont développés de nouvelles formes de sociabilité, d'autres modes de relation plus intimes, de solidarité, d'amitié : des relations désintéressées, juste pour le plaisir d'être ensemble. C'est une façon de se tenir à l'écart de la superficialité des rencontres éphémères, pour privilégier les amitiés profondes.

Se sont ainsi créés nombre de petits groupes associatifs non traditionnels pour lutter contre l'isolement et la précarité relationnelle, des lieux d'échanges intergénérationnels, des initiatives locales pour créer du lien social. Se développent également les relations amicales plus solides que les vies de couple. Elles se poursuivent au gré des différentes étapes de la vie, des changements de couples : il y a les amis, les copains, les relations et, en pointillé, parfois des relations de couple. Avec Internet, il est possible de rencontrer des gens que l'on n'aurait pas croisés ailleurs et avec qui on peut véritablement échanger, même si cet échange ne concerne qu'une facette de nous. Dans un monde de plus en plus précaire, il vaut mieux s'investir dans plusieurs relations à la fois, ce qui permet d'adapter chaque lien aux différentes facettes de notre personnalité. Dans ce nouveau mode de vie, il y aura plusieurs personnes qui compteront, on ne sera pas l'« unique ».

Table des matières

II
Seul dans un monde de performance

Psychologie

150 tests d'intelligence, J. E. Klausnitzer, n° 3529
À quoi rêvent les femmes… et ce qu'en pensent les hommes, F. Ploton, n° 3692
Amour, famille et trahison, N. Prieur, n° 3736
Amour sans condition (L'), L. L. Hay, n° 3662
Analyse transactionnelle (L'), R. de Lassus, n° 3516
Apprivoiser le deuil, M. Ireland, n° 3677
Art de la simplicité (L'), D. Loreau, n° 3720
Au secours ! Je vis avec un(e) narcissique,
Carter et J. Sokol, n° 3721
Be happy, D. Koffmann, n° 3697
Biologie de l'amour (La), A. Janov, n° 3746
Boostez votre cerveau, G. Azzopardi, n° 3710
C'est (presque) toujours de la faute des hommes, R.-M. Alter, n° 3729
Ce que veulent les hommes, B. Gerstman, C. Pizzo et R. Seldes, n° 3672
Cerveau des mères (Le), K. Ellison, n° 3726
Ces amours qui nous font mal, P. Delahaie, n° 3706
Ces gens qui vous empoisonnent l'existence, L. Glas, n° 3597
Cette famille qui vit en nous, C. Rialland, n° 3636
Changez de vie en 7 jours, P. McKenna, n° 3719
Cinq Entretiens avec le Dalaï-Lama, Sa Sainteté le Dalaï-Lama, n° 3650
Communication efficace par la PNL (La), R. de Lassus, n° 3510
Couples : la formule du succès, P. Mc Graw, n° 3715
Dictionnaire des rêves, L. Uyttenhove, n° 3542
Efficace et épanoui par la PNL, R. de Lassus, n° 3563
Éloge de la lenteur, C. Honoré, n° 3731
Éloge du luxe, T. Paquot, n° 3725
Ennéagramme (L'), R. de Lassus, n° 3568
Et moi alors ?, P. Mc Graw, n° 3730
Être la fille de sa mère, P. Delahaie, n° 3727
Fais-toi confiance, I. Filliozat, n° 3723
Force est en vous (La), L. L. Hay, n° 3647
Gestalt, l'art du contact (La), S. Ginger, n° 3554
Grandir avec ses enfants, N. Prieur, n° 3734
Hommes, les femmes, etc. (Les), E. Willer, n° 3679
Hommes préfèrent les garces (Les), F. Ploton, n° 3724
Intelligence du cœur (L'), I. Filliozat, n° 3580

Interprétation des rêves (L'), P. Daco, n° 3501
Je t'en veux, je t'aime, I. Filliozat, n° 3699
Libérez-vous ! Dr Barefoot, n° 3733
Langage des gestes (Le), D. Morris, n° 3590
Méditer au quotidien, H. Gunaratana, n° 3644
Mère-fils, l'impossible séparation, A.-L. Gannac, n° 3711
Mesurez votre Q.I., G. Azzopardi, n° 3527
Méthode Coué (La), E. Coué, n° 3514
Notre capital chance, Dr R. Wiseman, n° 3691
On gère sa vie, on ne la subit pas, P. McGraw, n° 3704
Oser être soi-même, R. de Lassus, n° 3603
Osez briser la glace, S. Jeffers, n° 3673
Osez le grand amour, S. Jeffers, n° 3716
Parents toxiques, Dr S. Forward, n° 3678
Pères d'aujourd'hui, filles de demain, V. Colin-Simard, n° 3693
Petit Livre de sagesse du Dalaï-Lama (Le), B. Baudouin, n° 3702
Plénitude de l'instant (La), T. Nhat Hanh, n° 3655
Pourquoi les femmes se prennent la tête ? S. Nolen-Hoeksema, n° 3722
Pouvoir de la bonté (Le), Sa Sainteté le Dalaï-Lama, n° 3703
Prodigieuses Victoires de la psychologie (Les), P. Daco, n° 3504
Psy de poche (Le), S. Mc Mahon, n° 3551
Puissance de la pensée positive (La), N.V. Peale, n° 3607
Quand les enfants partent, A. Schapiro-Niel, n° 3707
Que se passe-t-il en moi ? I. Filliozat, n° 3671
Réussir le nouveaux tests de Q.I., G. Azzopardi, n° 3714
Rupture : petit guide de survie, D. Hirsh, n° 3689
Secrets de famille, mode d'emploi, S. Tisseron, n° 3573
Sexe des larmes (Le), Dr P. Lemoine, n° 3688
Thérapie du bonheur (La), Dr É. Jalenques, n° 3682
Tout ce que les hommes ignorent et que les femmes n'avoueront jamais, D. McKinlay, n° 3708
Tout se joue en moins de 2 minutes, N. Boothman, n° 3675
Transformez votre vie, L. L. Hay, n° 3633
Tremblez mais osez ! S. Jeffers, n° 3669
Triomphes de la psychanalyse (Les), P. Daco, n° 3505
Vie à bras-le-corps (La), S. Jeffers, n° 3690
Vie est immense (La), S. Jeffers, n° 3718
Vivre en paix, T. Janssen, n° 3740
Ze love book, Frapar, n° 3712

Pour l'éditeur, le principe est d'utiliser des papiers composés de fibres naturelles, renouvelables, recyclables et fabriquées à partir de bois issus de forêts qui adoptent un système d'aménagement durable.

En outre, l'éditeur attend de ses fournisseurs de papier qu'ils s'inscrivent dans une démarche de certification environnementale reconnue.

Photocomposition Nord Compo
Imprimé en Allemagne par GGP Media GmbH, Poessneck

Pour le compte des Éditions Marabout.
Dépôt légal : octobre 2008
ISBN : 978-2-501-05684-7
40.8109.7
Édition 01